「核兵器廃絶」と
憲法９条

◆

大久保 賢一 著

◆

◆

◆

日本評論社

まえがき

この本は、「核の時代」といわれる現在、核兵器を廃絶したい、憲法九条を護り世界に広げたいと考え行動している人たちへの、喜寿を迎える老人からのメッセージである。

端的にいえば、核兵器の廃絶と非軍事平和思想の世界化を進めたいということである。

そのベースとなるのは、二〇二一年一二月一〇日、私が、政府の「核軍縮に関する国際賢人会議」に提出した「要望書」である。

この「要望書」に対する国際賢人たちからの返事はまだない。いつか返事を聞きたいと思っているけれど、そんな日は来ないのかもしれない。

それはともかくとして、この「要望書」はこの本の主旋律であり通奏低音である。

「賢人会議」への要望書

はじめに

二〇一八年に開催された賢人会議は、「核軍縮の停滞や核の秩序の崩壊はどの国にとっても利益にならない。『核兵器のない世界』を追求することは共通の利益である」、「核抑止は、安定を促進する場合もあるとはいえ、長期的な国際安全保障にとって危険なものであり、すべての国は、より良い長期的な解決策を模索しなければならない」と提言していました。

私は、「核兵器のない世界」を一刻も早く実現したいと願っていますし、核兵器に依存しない「よりよい長期的解決策」が必要だと考えています。

そこで、本日は、「核兵器のない世界」実現の必要性と核兵器に依存しない安全保障政策について、私の考えの一端を述べさせていただきます。

マッカーサー連合国司令官のスピーチ

一九四六年四月五日、ダグラス・マッカーサー連合国最高司令官は、連合国対日理事会において次のようなスピーチをしています。

近代科学の進歩のゆえに、次の戦争で人類は滅亡するであろう、と思慮ある人で認めぬものはない。しかるになお我々はためらっている。足下には深淵が口を開けているのに、我々はなお過去を振り切れないのである。そして将来に対して、子どものような信念を抱く。世界はもう一度世界戦争をやっても、これまでと同様、どうにか生きのびるだろうと。

彼は、次の世界戦争では核兵器が使用され、人類社会は終末を迎えるだろうと警告していたのです。この警告は、核兵器の使用は「全人類に惨害」や「壊滅的人道上の結末」をもたらすとして、核兵器不拡散条約（ＮＰＴ）や核兵器禁止条約（ＴＰＮＷ）などの国際法規範に継承されています。

にもかかわらず、現在、核兵器使用の危険性が冷戦時代よりも高まっているのです。それは、核抑止論に基づき、核兵器を国家安全保障の切り札とする核武装国や依存国が存在するからです。

核抑止論との決別を

私は、核兵器の存在を前提とし、核兵器の国家安全保障上の必要性や有用性を主張する核抑止論が「核兵器のない世界」の実現を遠ざけている元凶だと考えています。核抑止論者たちは核兵器の効用について「精緻な議論」を積み上げてきたと誇っているようですが、それは、神についていくら「精緻な議論」をしても神の存在を証明したことにはならないのと同様の空虚な営みでしかありません。

一九八〇年の国連事務総長報告は次のように結論しています。

核戦争の危険を防止することなしに平和はありえない。もし核軍縮が現実になるものとすれば、恐怖の均衡による相互抑止という行為は放棄されなければならない。抑止の過程を通じての世界の平和、安定、均衡の維持という概念は、おそらく存在する最も危険な集団的誤謬である。

私はこの結論に賛同します。だから、「核兵器のない世界」を実現するためには「核抑止は、安定を促進する場合もある」という幻想を捨てるべきであると考えています。私たちは、「核抑止論」というレトリックに騙され続けてはならないのです。

では、核兵器をなくせば私たちの任務は完了するでしょうか。その復活を恐れる必要はないのでしょうか。

ラッセル・アインシュタイン宣言

一九五五年の「ラッセル・アインシュタイン宣言」は次のように言っています。

人々は、滅びゆく危急に瀕していることを、ほとんど理解できないでいます。だからこそ人々は、近代兵器が禁止されれば戦争を継続してもかまわないのではないかと、期待を抱いているのです。このような期待は幻想にすぎません。たとえ平時に水爆を使用しないという合意に達していたとしても、戦争が勃発するやいなや、双方ともに水爆の製造にとりかかることになるでしょう。製造した側が勝利するにちがいないからです。

私は、ここに、核兵器を禁止しても、戦争が存続している限り、核兵器はゾンビのように復活するという警告を読み取っているのです。

宣言は「**人類を滅亡させますか、それとも戦争を放棄しますか。人々は、この二者択一に向き合おうとしないでしょう。戦争の廃絶はあまりにも難しいからです**」とも言っています。宣言は「近代兵器」を禁止するだけではなく「戦争の廃絶」を提起しているのです。

核兵器がなくても戦争は可能です。今もそのような戦争は続いています。核兵器廃絶と戦争の廃絶は別問題なのです。だから、戦争の廃絶を棚上げして、核兵器廃絶を求めることは可能ですし必要な営みです。けれども、戦争での紛争解決を容認する限りその復活を覚悟しなければならないのです。核兵器は戦争に勝つという軍事的合理性からすれば「最終兵器」だからです。宣言はそのことを指摘しているのです。

そこで、想起して欲しいのは、「近代兵器」にとどまらず、あらゆる戦争と一切の戦力を放棄している日本国憲法です。

日本国憲法の平和主義

日本国憲法九条は次のとおりです。

第1項　日本国民は、正義と秩序を基調とする国際平和を誠実に希求し、国権の発動たる戦争と、武力による威嚇又は武力の行使は、国際紛争を解決する手段としては、永久にこれを放棄する。

第2項　前項の目的を達するため、陸海空軍その他の戦力は、これを保持しない。国の交戦権は、これを認めない。

九条は全ての戦争を放棄し、一切の戦力の不保持と交戦権を放棄しているのです。その背景にあるのは、原子爆弾が発明され、使用された時代にあって、戦争に訴えることは愚かなことである。文明と戦争とは両立しない。文明が速やかに戦争を全滅しなければ、戦争が文明を全滅することになる、という思想です。冒頭に紹介したマッカーサーの発想と同様のものです。

国連憲章は一九四五年六月二六日に作成されています。その時、核兵器の威力は知られていませんでした。日本国憲法は、一九四五年八月の広島と長崎の「被爆の実相」を知っている人々によって、一九四六年一一月に公布されたのです。

日本国憲法は、一切の戦力を保持しないとしています。そして、**恒久の平和を念願し、人間相互**

の関係を支配する崇高な理想を深く自覚するのであって、平和を愛する諸国民の公正と信義に信頼して、われらの安全と生存を保持しようと決意した、としています。

核兵器だけではなく一切の戦力を持たずに安全と生存を保持しようという決意なのです。

「それはユートピア思想だ」としてあざ笑う人たちもいます。けれども、世界には二六ヵ国の軍隊のない国があるのです。そもそも、核兵器は人間が製造したものですし、戦争は人間の営みです。ウィルスではないのです。廃絶できない理由はありません。

私たちは、核兵器使用の非人道性を認識しているがゆえに、核兵器使用や威嚇の禁止にとどまらず、核兵器の廃絶を求めています。けれども廃絶を不可逆的なものにするためには、武力の行使を容認する戦争という制度も廃絶しなければならないのです。戦争をなくさなければ核兵器をなくせないということではありませんが、戦争の廃止は「核兵器のない世界」を実現する上で避けてはならない課題なのです。

七六年前、日本国憲法はそのことを想定していたのです。ぜひ深い関心を寄せてください。核兵器も戦争もない世界は、全人類に恐怖と欠乏から免れ平和のうちに生存できる基盤を提供し、人類はその可能性を全面的に開花させる新たな世紀を築くことになるでしょう。

賢人会議が、そのような社会の実現に貢献されるよう要望します。

以上が私の「要望書」である。この「要望書」と合わせて、二〇二〇年に書いた「核兵器も戦争もない世界を実現しよう─特に、米国の友人たちへ─」の英語版を資料として添付しておいた。「要望書」もこの資料も日本語と英語で日本反核法律家協会のＨＰに掲載されているのでアクセスして欲しい。

「核兵器廃絶」と憲法9条　目次

第4章　反核平和を考える　121

序章　核兵器廃絶と憲法9条

――ヒトは核兵器をなくすことができるのか

「核を持つサルが争う青い星」

　この川柳は、二〇二二年一〇月二四日付『毎日』の仲畑流万能川柳欄に掲載されたものである。この欄では、時折、こういう傑作に出会える。今までで一番ドキッとしたのは「核持って絶滅危惧種仲間入り」だけれど、この句もそれに匹敵するインパクトがある。ヒトが核兵器を武器に争ってヒトが地球から消える恐怖を鋭く風刺しているからである。ヒトは核兵器をなくすことができるのか。できなければ「青い星」に生息しているヒトという種は絶滅することになる。そのことを考えてみよう。

「核持って絶滅危惧種仲間入り」

　「青い星」といわれる地球には、現在、約一万二千五百発の核兵器が存在している。その内、米国やロシアの核兵器各一六〇〇発程度は実戦配備されている。いつでも発射できるし、そのターゲットは軍事基地だけではなく都市も含まれている。それが使用されれば「全人類にとっての惨害」（核兵器不拡散条約＝ＮＰＴ）や「壊滅的人道上の結末」（核兵器禁止条約＝ＴＰＮＷ）が起きることになる。核兵器の使用によって「終末」が訪れ、人類は絶滅することになるのである。

反核運動を展開した哲学者ギュンター・アンダースは、「私たちは死を免れぬ種族＝人類」という状態から「絶滅危惧種」の状態へと移ってしまったと言っている（ギュンター・アンダース著／青木隆嘉訳『核の脅威』〈法政大学出版局、二〇一六年〉）。グテーレス国連事務総長は、二〇二二年八月のNPT再検討会議で、「今日、人類は、一つの誤解、一つの判断ミスで核により壊滅する瀬戸際に立っています」とスピーチしている。

このことを知らない人や信じたくない人はいるかもしれないけれど、否定できる人はいない。プーチンもバイデンも習近平もそのことは知っている。だから、彼らは「核戦争に勝者はない」とか「核戦争を戦ってはならない」と声明するのである。けれども、彼らは核兵器を使用しないとかなくそうとは言わない。「核のボタン」を持ち続けようとしている。核兵器を持っていると自国は安全だと考えているからである。ただし、他の国には持たせようとはしない。「俺は持つお前は持つな核兵器」という理屈である。

「核兵器こんな男が持つボタン」

これも、この欄にあった句である。例えば、プーチン。彼は、米国とNATOの策略と自分の野望でウクライナを侵略し、市民を殺傷し、生活を破壊し、家族をバラバラにし、生活に不可欠なインフラ施設を破壊し、原発を攻撃し、核兵器使用の威嚇をしている。彼は、国際法が禁止する「侵略犯罪」を実行しているだけではなく、軍人と文民の区別、軍事施設と民生用施設の区別、残虐な兵器の使用禁止などという国際人道法（戦時国際法）も無視している「戦争犯罪者」である。「ロシアのない世界はない」とか「自分が支配者ではないロシアはない」などという権力者の腐敗の極致を体現している「犯罪者」が「核のボタン」を持っているのである。

プーチンだけが問題ではない。トランプは支持者を議会に乱入させた。死者も出ている。自由と民主主義をウリにしている米国で、選挙に負けた前大統領が「内乱罪」とはいわないけれど「騒擾罪」、「建造物侵入罪」、「公務執行妨害罪」などを教唆しているのである。そのトランプも「核のボタン」を握っていたのである。

クリントン政権の国防長官ウィリアム・ペリーは次のように書いている（ウィリアム・ペリー＝トム・コリーナ著／田井中雅人訳『核のボタン』〔朝日新聞出版、二〇二〇年〕）。「トランプ大統領は電話一本で、数分以内に、一千発もの核兵器を発射できる。それぞれが広島型原爆の何倍もの破壊力を持っている。文明の終わりになるだろう。ミサイルはいったん発射されれば取り消せない。トランプ大統領にとって、核戦争を始めることは、ツィート一つ送信するのと同じくらい簡単だ」。しかも、トランプは「我々は核兵器を持っているのに、なぜそれを使えないのか」と言っていた人である。

ついでに紹介しておくと、ニクソンは酒浸りだったたし、ケネディは鎮痛剤を常用していて、思考が朦朧とすることがあったという。レーガンはホワイトハウスにいた時からアルツハイマーの兆候があったという。バイデンは、つい最近、死んだ人に呼び掛けていた。

私たちは、こういう世界に生きているのである。

核兵器が禁止される理由

核兵器使用が禁止されるのは、それが使用されれば「みんな死んでしまうから」である。米国の哲学者ジョン・サマヴィルは「オムニサイド」（omnicide：omni は全ての cide は殺害。核兵器による皆殺しという意味）という言葉を作っている。一九四五年八月六日、広島に投下された一発の原爆は、当時広島で生活していた人々の四〇％以上をその年の終わりまでに殺している。生き残った人々や二世に、現在もその影響を及ぼしている。原爆を体験した被爆者は、核兵器は「悪魔の兵器」、「絶滅だけを目的とした兵器」、「最終兵器」としている。投下命令を出したトルーマンもそのことは知っていた。私たちも濃淡はあるけれど「被爆の実相」を知っている。だから、誰もがそんな目にあいたくないと思っている。ある日突然その日常が奪われてしまうことなど誰も望まないからである。「保有していても使用しなければいい」などという頓珍漢も含めて、誰もが核兵器の使用には反対なのである。

そして、使用されないための唯一の確かな方法はそれを廃絶することである。それは、論理的にそうであるだけではなく、すでに発効している核兵器禁止条約は「いかなる場合にも核兵器が決して再び使用されない唯一の方法は、核兵器の完全な廃絶である」としている。被爆者が「人類と核兵器は共存できない」と運動してきた成果であることも忘れないでおきたい。

核兵器は直ぐにはなくなりそうもない

けれども、核兵器が近い将来廃絶される見通しは立っていない。むしろ各国で「使える核兵器」

の開発や運搬手段の「近代化」が進められている。効率の良い殺傷と破壊の競争である。その理由は国家安全保障のためとされている。核兵器を持っている国がある限り、それを使用させないためには、自分も核兵器を持たなければならないという理屈である。「核なき世界」を提唱してノーベル平和賞を受賞したオバマも同じ発想である。核兵器は「平和と安全の道具」だという核抑止論である。こうして、核武装国は核兵器をなくそうとしていない。

例えば、米国は外国に色々な呼び名をつける。「悪の帝国」、「ならず者国家」、「テロ支援国家」、「専制主義国家」などである。そして、自国はいつも正しいとして、対抗する国家は力で押しつぶそうとする。だから米国には「戦後」がない。現在は、中国、ロシア、北朝鮮、イランを敵国としている。他方、プーチンも「ロシアが核兵器保有国だということを忘れるな」と言いながら、クリミアを併合し、ウクライナを侵略している。中国、フランス、イギリスも核を手放そうとはしない。インド、パキスタン、イスラエルは核兵器不拡散条約（ＮＰＴ）に入ろうとしないし、北朝鮮は脱退している。

彼らは核兵器を「力のシンボル」としているのである。核兵器を凌駕する力は存在しないからである。

核軍縮交渉は始まっていない

米・ロ・中・英・仏も締約国である核兵器不拡散条約（ＮＰＴ）は「核戦争は全人類に惨害をもたらすから核拡散は止めよう」としているけれど、核武装国間の核軍縮交渉は始まる気配はない。

米国とロシアの間での削減交渉は一定程度進んだけれど、両国が桁違いの核兵器大国であることに変わりはない。イランや北朝鮮の核開発には大騒ぎしているけれど、自分の怠慢は棚上げしている。対等の国家間で「俺は持つお前は持つな核兵器」という論理が通用するわけがないであろう。けれども、核武装国は「無理が通れば道理引っ込む」の論理で押し切ろうとしているのである。

日本政府は「唯一の戦争被爆国」を強調し、岸田首相は「核廃絶はライフワーク」だとしているけれど、米国の「核の傘」に依存するだけではなく、米国の先制不使用政策に反対している。加えて、米国の核を常時日本に置いておこうという「核共有論者」まで現れている。

核兵器は廃絶されるどころか、現実に使用される危険性はかつてなく高まっている。二〇二二年のNPT再検討会議でも「核兵器使用の危険性は、冷戦時代よりも高くなっている」との共通認識は形成されている。米国の科学者たちは「終末」まで九〇秒としている。米国下院でも「人類が核兵器を終わらせるのが先か、核兵器が人類を終わらせるのが先か」が議論されている。

二〇二二年九月の「核兵器の全面的廃絶のための国際デー」に際して、グテーレス国連事務総長は「地政学的な分断、不信、あからさまな侵略が拡大する中で、私たちは広島、長崎、そして冷戦の悲惨な教訓を忘れ、人道的破滅を引き起こす危機に瀕しています」とのメッセージを発している。

それでも、核兵器は直ぐにはなくなりそうにもない。核依存症は未だ駆逐されていないのである。

核兵器廃絶の努力

けれども、核兵器廃絶の展望がないわけではない。核武装国の反対と抵抗にもかかわらず、核兵器禁止条約は発効し、第一回の締約国会議も開催された。この会議では、核兵器を必要とするレトリック（核抑止論）と対抗しながら、核兵器廃絶に向けての作業を進めることが決意されている。間違いなく、「核兵器のない世界」に向けての営みは進展しているのである。

核兵器不拡散条約（ＮＰＴ）再検討会議で合意文書は成立しなかったけれど、その文書には、核兵器を全面的に禁止しその廃絶を目指す核兵器禁止条約が発効していることについての記述は盛り込まれている。そもそも、核戦争を戦ってはならないことや核兵器保有国が核兵器を廃棄する約束などは国際社会の共通認識なのだから、核兵器保有国もその事実を無視できなくなったのである。

そして、日本政府も、二〇二二年の核兵器廃絶日本決議案では核兵器禁止条約に触れている。被団協を含む「核兵器廃絶日本ＮＧＯ連絡会」や「非核の政府を求める会」は、事前に政府に対して、そのことに触れるよう要請していたので、その成果と言えるであろう。

核武装国や日本政府も核兵器を未来永劫保有し続けるとは言えないのである。核兵器廃絶を求める私たちの声は、間違いなく核兵器保有国や日本政府の姿勢に影響を与えているのである。

核兵器依存勢力との戦いは常に存在している

核兵器を含む武力に依存して平和と安全を確保しようとする勢力は、今も、現実的力を持っている。核武装国の威を借りようとしてすり寄る者もいる。米国の「核の傘」に依存するとはそういうことである。核兵器には依存しないけれど軍事力は強化しようという人もいる。先に紹介したウィリアム・ペリーは、核兵器依存は否定しつつ、日本政府に対して、核兵器などなくても同盟国として安全は保障するから心配するなと言っている。

核兵器に依存しないとすることは一歩前進ではある。けれども、武力に依存しての「平和と安全」の確保は、最終兵器である核兵器への依存を排除できないことになる。核兵器を使用するものが戦争に勝利するからである。そのことは、一九五五年のラッセル・アインシュタイン宣言で指摘されているだけではなく、少し物事を考えることができる人であれば、直ぐに理解できることであろう。

宣言の一部を紹介しておく。「人々は、近代兵器さえ禁止されるなら、おそらく戦争はつづけてもかまわないと思っている。この希望は幻想である。たとえ水爆を使用しないというどんな協定が平時に結ばれていたとしても、…戦争が起こるやいなや双方とも水爆の製造にとりかかるであろう。なぜなら、…それを製造した側はかならず勝利するに違いないからである。」

裏からいえば、だからこそ核武装国は核兵器を独占したいのである。

こうして、武力に依存して「平和と安全」を確保しようとすると、核兵器使用による終末、人類の滅亡を覚悟しなければならなくなるのである。安全を求めて絶滅を招き入れる最悪の選択である。国民の平和と安全を確保するはずの政府が、自国民だけではなく、ヒト社会を崩壊させるのである。これ以上の悲劇的逆説はない。

高みの見物ができる場所はない

そして、核戦争を高みから見物する場所は地球上にはない。核戦争の影響は全地球的規模になるからである。一九六八年の映画「猿の惑星」は、宇宙から帰ってきた飛行士が、核戦争の結果サルが支配する世界になっている地球に帰還する物語である。その映画のラストシーンで、チャールトン・ヘストン演ずる主人公は、砂に埋もれ、波にさらされている自由の女神像を前にして、「とうとうやっちまいやがった」とつぶやいていた。

今、私たちは、そんな事態を想像しなければならない状況にある。それを避けるための唯一のしかも間違いのない方法は核兵器をなくすことである。それは不可能ではない。現に、存在する核兵器よりも廃棄した核兵器の数の方が多いのだ。一九八六年当時、約七万発あった核兵器は、現在約一万二千五百発になっているのである。

戦争をなくす必要性と可能性

そして、仮に、平時に核兵器をなくしても、戦時になればまた復活するであろうことは、先ほど述べたとおりである。こうして、核兵器と完全に絶縁するためには、戦争をなくすことが求められるのである。

私の主張は紛争や対立をなくせということではない。人間社会から対立や紛争をなくすことはできないであろう。そもそも、対立や競争は人間社会の変化と進歩の原動力である。それをなくすことはできないしその必要もない。殺傷力と破壊力という野蛮な力で優勝劣敗を競う「戦争という制度」をなくせというだけのことである。

そのことは決してユートピア思想ではない。戦争の手段である軍隊を持たない国家が、世界には二六ヵ国存在していることからしても、それは実現可能なことなのである。

日本も、一九四五年八月一五日以降の七八年間、米国の戦争に協力したり、自衛隊を海外に派遣したりしたけれど、主体的な戦争はしていない。これは、その日に先行する大日本帝国の時代の日本は戦争が絶えない国であったことを考えれば、質的な変化である。この七八年間の状況を、米国の戦争に協力せず、また、自衛隊を海外に派遣しない形で継続すればいいだけの話である。米国の戦争に協力しなければ、外国を攻める理由も攻められる理由もない。

ソ連の侵略など「絵空事」だったと、自衛隊の元幹部は述懐している。北朝鮮の主要な敵は米国であるし、朝鮮戦争を終結すれば危機は消える。台湾を誰が統治するかは中国人に任せることが筋であろう。自衛隊員を死地に赴かせる理由はない。「わが国を取り巻く厳しい安全保障環境」とは一皮むけばそういうことなのである。

さらに、戦争をなくす可能性について考えてみよう。

「決闘」との決別

個人間の対立や紛争を「決闘」で決着を付けることは法で禁止されている。「決闘」をしたものは処罰されるし、相手を殺してしまえば死刑もありうる。その禁止の理由は「社会秩序を害する行為である決闘を放置できない」と説明されている。「決闘」によって得られる社会的価値よりもむしろ損失の方が大きいと判断されたのである。生命、身体という最高の価値を賭けなくても、紛争の解決方法はある。裁判手続きである。「決闘」は犯罪とされ、紛争は裁判で解決されなければならなくなったのである。国際社会にそれを応用することは可能であろう。各州間の争いは連邦裁判所が裁く例もある。

それは、「自分は正々堂々とした決闘で五人の相手に勝つことができる。にもかかわらず、なぜ、多数決に従わなければならないのか」という問いかけが通用しなくなったのと通底する人間社会の進歩であろう。殴り合いではなく、多数決原理で公共の事柄を決めることの合理性を認めたのである。そこでは、ヒトは個人として尊重され、法の下で平等であることが前提とされている。

ヒトには言葉があるし、議論も可能だし、共通のルールに従うことが、自分の生存と安全に有用だと学習したのである。生存と安全が確保されることは、個性を花開かせる土台であろう。ヒトが滅びてしまうような事態は絶対に招来してはならない。

「核の時代」の戦争

「核の時代」にあって戦争という手段に訴えることは自殺行為であると気がついている人は決して少なくない。ここではこんな言葉を紹介しておこう。

「核兵器は、戦争の規模だけではなく、戦争そのものの概念を変えてしまった。核時代にあっては、戦争は政策の手段とはなりえず、未曾有の破滅を引き起こすだけである。諸国家はもはや、他国を犠牲にして安全性を確保することはできない。すなわち相互協力によってしか、安全は得られない。」

これは、一九八二年、国連事務総長に提出されたパルメ委員会（軍縮と安全保障問題に関する独立委員会）報告の一節である。ここでは「戦争は政治的意思の実現」という思想は時代遅れとされている。それから四〇年あまりが経過しているけれど、この提案は実現されてはいない。政治的対立が煽られ、軍事力の強化が叫ばれているのである。それがあたかも人間社会では避けられないかのような勢いである。しかも、「核兵器の復権」を伴っていることも忘れないでおきたい。プーチンは核兵器使用を言い立てているし、民主主義を声高に叫ぶバイデンは、核兵器の近代化を図りつつ、専制主義国家との対抗心を滾《たぎ》らせている。「相互協力」などというカードを持ち合わせていないかのようである。

私たちの任務

けれども、私たちは、それを嘆いていればいい立場にはない。このままでは「未曾有の破滅」が我が身を襲うかもしれないからである。それを避けるためには、核兵器に依存し「戦争を政策の手段」とすることにためらいのない勢力との闘争に勝たなければならないのである。核兵器廃絶と「平和を愛する諸国民の公正と信義による平和と安全の確保」を急がなければならない。

わが国の周りには「平和を愛する国だけではない」から軍事力を強めるしかないという声が大きくなっている。ロシアのウクライナ侵略をはじめ、北朝鮮や中国の行動が最大限利用され、国民の不安と対立感情が煽り立てられている。「国力としての防衛力」がスローガンになっている。財政、金融、経済はもとより学術研究も公共インフラも軍事優先の体制とされようとしている。国の安全は国民全員に関わることだからとして消費税の増税も視野に置かれている。もちろん、社会保障や教育に回されている予算は削られるであろう。

外国と対抗するために軍事力を強めれば、相手も同様の行動に出る。その軍拡競争はどちらが正しいか悪いかではない。軍事力で対抗しようとした場合の「安全保障のジレンマ」といわれる現象である。その場合、相手にだけ武装解除や軍備縮小を求めることはナンセンスでしかない。果てしなき軍拡競争が継続し、国民生活は圧迫されることになる。

「核の時代」であることを忘れるな

人類は、今から六〇年前、「キューバ危機」という形で地球滅亡の危機を迎えていた。ケネディは、多くの子どもたちがきのこ雲の下で死亡することを予想していたけれど、核のボタンを押さないとの選択はなかったようである。米国の高官の一人は、今日の夕日が最後の夕日だと覚悟していたという。

世界の多くの人々は、もちろん私もその一人ではあるが、「地球最後の日」が迫っていることなど知らないままに、その日常を送っていたのである。私たちが生き残っているのは、単に「ラッキーだった」だけなのかもしれない。グテーレス国連事務総長もこんなことを言っている。「冷戦終結後に霧散した暗雲が再び立ちこめています。私たちは、これまで限りなく運が良かったのです。しかし、運は戦略ではありません。」

現在もまた、キューバ危機と同じような状況にあるのかもしれない。核兵器による安全保障を求める人たちが、核兵器を使用しようとしているからである。安全保障のあり方を根底から考え直さなければならない。もう一度、日本国憲法の平和主義に立ち返ってみよう。

日本国憲法の平和主義

核兵器を含む軍事力による対決か諸国民の公正と信義を信ずるか、今、私たちは、大きな岐路に立っている。武力で対抗しようとする勢力は、「座して死を待つ」ことはできないとして、敵国がミサイルを発射する前に、敵基地や中枢部を攻撃する能力を持つべきだという。それに賛同する人たちもいる。そこには「平和共存」という発想はない。あるのは、軍事力の衝突の容認である。そして、その選択は、憲法と正面から衝突することになる。だから、彼らは、憲法を変えようとする。

憲法は、「全世界の国民が、ひとしく恐怖と欠乏から免れ、平和のうちに生存する権利」を実現するために、「政府の行為によって再び戦争の惨禍が起きないように決意し」、「恒久の平和を念願し」、「人間相互の関係を支配する崇高な理想を深く自覚し」、「平和を愛する諸国民の公正と信義を信頼して、われらの安全と生存を保持しようと決意」している。ここでは、諸国民の対立ではなく「全世界の国民の平和的生存権」が宣言されている。そして、戦争と軍事力の放棄が「決意」されているのである。

この憲法制定の背景には、「一度び戦争が起これば人道は無視され、個人の尊厳と基本的人権は蹂躙され、文明は抹殺されてしまう。原子爆弾の出現は、戦争の可能性を拡大するか、または逆に戦争の原因を収束せしめるかの重大な段階に達した」、「文明が戦争を抹殺しなければ、やがて戦争が文明を抹殺してしまう」という認識があったのである（一九四六年一一月政府刊行『新憲法の解説』）。

これは、野党の主張ではない。日本政府の主張であり、「あたらしい憲法の話」と並ぶキャンペーンなのである。この姿勢は、中華人民共和国の樹立、ソ連の核保有、朝鮮戦争の勃発などにより反故にされたけれど、この認識を、今、再確認する必要があるのではないだろうか。「戦争が文明を抹殺する」事態が迫っているからである。

武力での問題解決の果てにあること

憲法九条成立に大きな影響を与えた幣原喜重郎は、武力で問題を解決しようとすることについてこんな言葉を残している。「果てしない軍拡競争の結果、集団自殺の先陣争いと知りつつも、一歩でも前へ出ずにはいられない鼠の大群と似た光景が出現する。」

軍事力の強化や核兵器に依存する勢力は、核の時代にあって、武力で紛争を解決することは自殺行為であることを無視しているのである。鼠（レミング）並みの諸君ということになる。

サルたちは自分たちが全滅してしまうような争いはしない。それは生物としての本能であろう。今、ヒトはサルを笑えるような立場にはないのかもしれない。ヒトはサルから「進化」したと言われている。そのヒトが、自分で作ったもので、滅びの時を迎えることなどはあってはならないであろう。そんなことになればヒトは「猿知恵」すらないことになってしまう。

希望はあるし諦めてはならない

核兵器廃絶と戦争の廃棄は「人間相互の関係を支配する崇高な理想」である。そのことを理解しているヒトは増えている。核兵器禁止条約第一回締約国会議やＮＰＴ再検討会議に主体的に参加して、被爆者の想いを踏まえながら、自らの言葉で「核兵器廃絶」を訴える青年群像も存在している。

彼らの手に武器はない。そして、核兵器を使用される側からの発信をしている。核兵器禁止条約の批准国も増えている。当面、採択に賛成した一二二ヵ国が目標であろう。日本政府に核兵器禁止条約の署名・批准を求める運動も全国各地で進められている。

アメリカ独立宣言には「政府を変えるのは人民の権利であり義務である」というフレーズがある。私たちには、その権利の行使と義務の履行が求められているのである。

核兵器をなくそうという意思は、「核抑止論」によって歪められてはいるけれど、すでに形成されている。核兵器不拡散条約（NPT）の発効からは五三年だし、核兵器禁止条約も発効している。核兵器保有国などの反対意見はあるけれど、いずれの条約も「核兵器のない世界」を目指すものである。米国にも原爆投下は不要だったたし、核兵器をなくそうという運動は存在する。唯一の原爆使用国の市民の意識が変わることは決定的に大事であろう。被爆の実相を知ってもなお核兵器の必要性を言い立てる人は決して多くないであろう。今、韓国の被爆者たちは米国の原爆投下責任を問う運動に取り組んでいる。米国裁判所への提訴が無理であれば、「民衆法廷」で裁きたいと計画している。

核兵器廃絶は決して夢物語ではない。不断の努力で一刻も早く「核兵器のない世界」を実現しなければならない。

（この文章は『経済』二〇二三年三月号に掲載された論稿に若干の修正を加えたものである。）

第1章　迫りくる核戦争の危機

一　心ある人たちの警告

国連のグテーレス事務総長は、二〇二一年九月二六日の核兵器の全面的廃絶のための国際デーに際して、「世界には一万四〇〇〇発近くの核兵器が存在しています。何百発もの核兵器が、すぐに使用できる状態にあります。核兵器の総数が数十年間減少し続けている一方で、各国は兵器の質的向上を進めており、憂慮すべき新たな軍拡競争の兆候が見られています」として、「この四〇年で最も高い核のリスク」に直面していると警告していた。

そして、彼は、二〇二一年一月の核兵器禁止条約の発効に際しては、「この条約は、核兵器なき世界という目標に向けた重要な一歩であり、核軍縮への多国間アプローチへの強い支持を示すものです。私は条約を批准した国々を称賛し、市民社会が交渉を進め、発効に尽力したことを歓迎しています」と述べていた。核兵器保有国や日本政府の態度とまったく違うことを確認しておきたい。

米国の科学雑誌『Bulletin of the Atomic Scientists』は、二〇二三年一月、「人類最後の日」までの残り時間を象徴的に示す「終末時計」について、「九〇秒」と発表している。彼らは、核兵器の特性を最もよく知っている科学者たちである。この「九〇秒」という時間は、広島・長崎に原爆が投下されて以降、冷戦時代も含めて、最も短い時間である。もちろん、彼らは陰謀家などではない。だから、この時計は、核兵器や気候変動、その他脅威となりうる大惨事についての指標として世界的に認知されているのである。

ペンタゴンペーパーズで有名な「アメリカで最も危険な男」といわれたダニエル・エルズバーグは、二〇二三年六月の死の直前、「ウクライナをめぐる、現在の核戦争のリスクは、世界がかつて経験したことのないほど大きい」、「米露間の核戦争は〝核の冬〟をもたらす」と警告した。それは「どちらかが放った核兵器による都市火災の煙や煤は、一億トン以上にもなり、成層圏に舞い上がり、数日で地球を包み込むだろう。その結果、何年にもわたって太陽光の七〇％が遮断され、世界中の収穫が失われ、地球上のほとんどの人間や脊椎動物が餓死することになる」という警告でもある。彼は米国政府の機密を扱う立場にあったことを忘れてはならない。

私たちには、これらの警告をどう受け止めるかが問われているのである。

二　「核戦争は戦ってはならない」は世界の「公理」

「核戦争は戦ってはならない。核戦争に勝者はない」ことは、一九八五年のレーガン米国大統領（当時）とソ連共産党のゴルバチョフ書記長（当時）との合意であり、現在の核兵器保有国首脳も、二〇二二年一月、その旨の共同声明を出している。二〇二三年五月のＧ７の「広島ビジョン」もそのことを確認している。

一九七〇年に発効した核兵器不拡散条約（ＮＰＴ）は「核戦争は全人類に惨害をもたらす」としている。二〇二一年に発効した核兵器禁止条約（ＴＰＮＷ）は、いかなる核兵器の使用も「壊滅的人道上の結末」をもたらすから、核兵器の廃絶が必要だとしている。

核兵器を使用する戦争など絶対してはいけないと誰でも思っているのである。そして国際条約としても確立している禁止事項なのである。ＴＰＮＷを敵視している米国などもＮＰＴには加盟しているのである。ＮＰＴに加盟していない諸国も、このことは否定していない。だから、この「核戦争を戦ってはならない」という禁止事項は「公理」ともいえる最も基本的な国際社会の大前提なのである。

三 「公理」になっている理由

核兵器使用禁止が「公理」になっている理由は、核兵器が使用されれば、何が起きるのかについて、広島・長崎の被爆の実相が知られているからである。

1 広島の死亡率

例えば、原爆投下による広島市の死者数は、一九四五年一二月末日までに約一四万人±一万人とされている。前年二月時点での広島市の人口は三三万六四八三人であるから、その死亡率は四一・六±三％となる。広島市は、「この数値は、歴史上他に類を見ない高い値であり、原子爆弾の非人間性、特異性」を示すものだとしている。本当にそのとおりだと思う。

2 一人ひとりの人生

そして、その一人ひとりにかけがえのない日常があったことも忘れてはならない。私たちは、石段に影だけ残して消えてしまった人がいることを知っている。広島の平和記念資料館に展示されている「人影の石」のエピソードである。瞬時に消えなかった人は、この世のものとも思われない姿で水を求めて彷徨し、手当の方法もないままに死亡していった。生き残った人は「トラウマ」だけではなく「生き残った罪の意識」や「原爆病」に苦しめられた。二世、三世も放射能の悪影響に不安をいだいている。原爆は、戦争が終結したからといって、その影響が消えるものではないのである。大量・無差別・残虐な死だけではなく、永続的な苦痛と被害をもたらし続けるのである。

だから、被爆者は「人類と核は共存できない」と訴えてきたし、核兵器禁止条約はその被爆者(hibakusha)の「容認できない苦痛と被害」を受け止め、核兵器の禁止と廃絶を定めているのである。

私は、私自身の日常が、ある日突然、抗えない力によって吹き飛ばされることなど絶対に嫌である。私と私につながる人たちだけではなく、今、地球上で生きている八〇億人の誰一人としてそんな目にあって欲しくないのである。日本国憲法は、「全世界の国民が、ひとしく恐怖と欠乏から免れ、平和のうちに生存する権利を有している」としている。日本国憲法の先駆性はここにも表れている。

四　核戦争は本当に起きるのだろうか

核戦争が何をもたらすかは知られている。「核戦争は戦ってはならない」とされている。核戦争になればみんな死んでしまうことは、信じたくない人はいるけれど、否定できる人は少ない。にもかかわらず、核戦争の危機が近づいていると警告されているのである。

本当に、核戦争の危機は近づいているのだろうか。できれば、それは考え過ぎだろうと誤魔化したいような気持にもなる。けれども、その真偽を確認しなければとも思うのである。もし本当なら、ある日突然死ぬのは嫌だし、そんな事態を避けるために何かをしたいと思うからである。順番に考えてみよう。

1　世界は今

世界と日本の情勢に目を向けてみよう。

ロシアのプーチン大統領は、ウクライナ侵略の手を緩めないだけではなく、ベラルーシに戦術核兵器を配備しようとし、ベラルーシはこれを受け入れようとしている。米国の核兵器は、ドイツ、ベルギー、オランダ、トルコ、イタリアなどと「共有」されている。NATO軍は、核戦争の訓練も行っている。ロシア軍も同様である。米ロの核兵器が他国を巻き込んで対峙しているのである。ヨーロッパが核戦場になる危険性が高まっていることは間違いない。

先に紹介したダニエル・エルズバーグは、「ウラジーミル・プーチンがクリミアとドンバス全域を失うという見通しに直面する前に、停戦と交渉が必要だ」、「キューバ・ミサイル危機にも増して危険だ」としていた。

米韓合同軍は上陸作戦の演習を再開し、核攻撃の訓練もしている。北朝鮮はミサイル発射を繰り返すだけではなく、核兵器の先制使用も宣言している。双方とも相手を抑止するという理由で核兵器に依存しているのである。朝鮮戦争の休戦協定が破綻し「熱戦」が再燃する懸念が高まっている。韓国の尹錫悦政権は独自の核武装も検討しているようである。文在寅政権時代の融和ムードは完全に消滅しているようである。

台湾の蔡英文総統は米国を訪問し、最大野党国民党の馬英九前総統は中国を訪問している。国内の対立があからさまな形で顕在化している。米国は「使える核兵器」を開発し、中国も核兵器を増産している。米中の対立は簡単には解消されないであろう。

日本政府は米国と一心同体であるかのように振る舞い、自衛隊強化はもとより国家あげての防衛力の増強や米国との「拡大核抑止」の強化を図っている。メガトン級の核爆弾の模擬弾の前で、日米の関係者が打ち合わせをしている写真が公開されている。その核爆弾をどこで使用するつもりなのだろうか。

「先軍思想」に基づく「国家総動員体制」が構築されつつある。沖縄が再び「捨て石」とされるだけではなく、本土決戦も想定されている。私の家の近くの航空自衛隊入間基地（埼玉県）もその強化が図られている。政府は中国、北朝鮮、ロシアとの軍事衝突を覚悟しているようである。これらの国は核兵器保有国である。だから、日本では、核攻撃を想定しての「国民保護計画」が策定されている。それによれば、核攻撃があったらヨード剤を飲んで雨合羽をかぶって風上に逃げろとされている。風上とは爆心地である。

核戦争の危険は間違いなく迫っているのである。私たちは「終末」前夜に生きているのかもしれないのである。誰も核戦争は望んでいないにもかかわらず、核戦争の危機が迫っているのである。

2　核戦争など可能なのか

今、世界には約一万二千五百発からの核兵器が存在する。そのほとんどは米ロが保有している。そして、そのうち約一八〇〇発は、いつでも発射できる態勢（警戒即発射態勢）にある。そして、米国もロシアも、自国や同盟国が危なくなれば、核兵器を使用すると公言している。先制不使用政策は採用されていないのである。核兵器保有国には、核戦争をする能力も意思もあることを忘れてはならない。核戦争が起きる客観的な条件はそろっているし、核兵器保有国はその気にもなっているのである。

核戦争を避ける最も根本的な方法は核兵器をなくすことである。核兵器がなければ使いたくても使えないからである。そんなことは三歳児にもわかる理屈だし、核兵器禁止条約はそのことを明言している。けれども、世界はそうなっていないのである。

3　なぜ、核兵器はなくならないのか

そうならない理由は、核兵器は「抑止力」として必要だとする国家が存在するからである。核兵器保有国だけではなく、日本もそうである。核兵器を持っていれば、他国は自国を侵略しようとは思わないだろうし（拒否的抑止）、侵略をすれば核兵器によって割に合わない反撃を受けることになるので、攻撃をためらわせることができるというのである（懲罰的抑止）。核兵器は敵国の攻撃を抑止するので自国の安全を確保できるという論理である。これが核抑止論である。核兵器は「戦闘の道具」ではなく「平和の道具」だ。「平和を望むなら核兵器に依存せよ」ということである。

「平和を望むなら戦争に備えよ」というローマ時代以来の格言の「核の時代」バージョンである。「平和を愛する諸国民の公正と信義に依拠する」という非軍事平和思想に基づく憲法九条とは対極にある論理である。

こうして、彼らは、国家の安全が確保されるまでは核兵器に依存するのである。G7で公表された「広島ビジョン」は「全ての者にとっての安全が損なわれない形での核兵器のない世界」という表現で「核兵器を安全の道具」と位置付けている。

そして、このビジョンを主導した岸田文雄首相は、「核なき世界」の実現はライフワークだというけれど、中国、ロシア、北朝鮮などの核兵器保有国と対抗するために、核兵器は「護身術」だとして、アメリカの核兵器に依存するとしている。だから、彼のライフワークは「果てなき夢」ということになる。彼は、「今は、核兵器はなくさない」と言っているのである。

彼は、核廃絶論者ではなく核依存論者なのである。被爆者はそのことを指摘しているけれど、マスコミはそのことを指摘しない。「核なき世界」を求める広島出身の首相と持ち上げるのである。

4　核抑止論の矛盾

核兵器に依存して自国の安全を確保しようとすれば、核兵器を手放すことはできない。核兵器に依存しながら、核兵器を廃絶することは、そもそも矛盾するからである。核兵器に依存しながら、核兵器を廃絶できないことは明らかである。けれども、核兵器が使用されれば、非人道的な状況が生まれることは誰でも知っているので、「核廃絶はしない」とは口が裂けても言えない。だから、核兵器がなくても国家の安全が保障されれば廃絶するという言い方になるのである。使用してはならないけれど、保有は必要だという苦しまぎれの態度をとらざるをえないのである。歴史上、使用しないために作られた道具など存在したことはない。

こうして、人類社会から核兵器がなくなる日は永遠の彼方に追いやられることになるのである。「核なき世界」を口にしてノーベル平和賞を受賞したオバマ元米国大統領が「私の生きている間は実現しないかも」と言ったのはそういう意味なのである。

5　誰が核のボタンを持っているのか

このような成り行きの中で、私たちは核兵器がいつ使用されるかもしれない世界での生活が続くことになるのである。ところで、「核のボタン」は生身の人間が持っていることを忘れてはならない。「核兵器こんな男が持つボタン」という川柳もある。

このことについては、序章「核兵器こんな男が持つボタン」で紹介しておいたので、それを参照して欲しい。

6　意図的ではない発射

また、核兵器が意図的ではなく発射されそうになった事例はいくつもある。いくつか紹介しておく。

①　二〇一八年一月一八日　ハワイ緊急事態管理庁「弾道ミサイルの脅威がハワイに向かってい

ます。近くのシェルターを探してください。これは訓練ではありません。」

②一九九五年一月　ロシア軍が、ロシアに向かってくる未確認のミサイルをノルウェー上空に発見。ロシアの核ブリーフケースが作動。ミサイルはノルウェーの研究ロケットだった。ノルウェーはソ連に発射を通告したが、情報がしかるべきところに届いていなかった。北極のオーロラを観測する無害の科学実験が予期せぬ結果になった。

③一九八三年九月二六日　ソ連の早期警戒衛星は米国から五発の核ミサイルが発射されたと示した。雲の先端で反射した日光に衛星が騙されたものだった。本来なら、即反撃の状況だったが、当直の将校は、これは誤作動に違いないと判断して、反撃は行わず、核戦争はすんでのところで回避された。

④同年一一月七日　NATOは、米軍による核攻撃訓練を含む図上演習を開始。ソ連はこれをリアルな戦争準備と誤解して、東ドイツとポーランドの空軍に警戒態勢（核攻撃の準備）をとらせた。四日後に演習は終了。「キューバ危機」以来、米ソが最も核戦争に近づいた瞬間。

⑤一九八〇年六月三日　ブレジンスキー国家安全保障大統領補佐官がカーター大統領にまで本当の攻撃だと報告を上げかけたが、ギリギリのところで、幸運にも誤警報と発覚した。ソ連の潜水艦が二二〇発のミサイルを米国に向けて発射との情報。確認を求めたら、二二〇〇発とのこと。ブレジンスキーは妻を起こさなかった。米国は全滅するだろうから。三度目に連絡は、誤報とのこと。コンピューターのチップの欠陥が原因だった。

⑥一九七九年一一月九日　早期警戒システムが赤色点灯。ソ連の大規模な奇襲攻撃の様相。原因

が人的ミスかコンピューターのミスか両方か決められなかった。

⑦　一九六〇年　グリーンランドのチューレ空軍基地　弾道ミサイル早期警戒システムが運用された。北米航空宇宙防衛司令部のコンピューターが米国が攻撃されているとの警報発令。月に反射したレーダー信号が誤警報の原因。

⑧　一九五九年六月一九日　沖縄　ナイキミサイルの誤発射

核兵器が存在する限り、意図的ではない使用が起こりうるのである。核兵器が発射されなかったのは「幸運だっただけ」なのかもしれない。ヒューマンエラーやコンピューターの故障を避けることはできない。間違いを犯さない人間はいないし、故障しない機械はないからである。結局、核兵器に依存するという選択は、「壊滅的人道上の結末」を覚悟しなければならないことになるのである。

7　必要とされる膨大な予算

それだけではない。核抑止論は核兵器使用を前提とするから、常に「使える核兵器」を開発しなければならないことになる。そのために膨大な予算が必要になるのである。

ＩＣＡＮによれば、核兵器保有国九ヵ国が、二〇二二年に費やした核兵器開発や維持のための金額は約一一兆五五〇〇億円だという。これだけの金があれば、約一三億人に一年間清潔な水と公衆衛生を提供できるそうである。

こうして、核抑止論は核兵器の水平的拡散や垂直的拡散を招いているし、使ってはならない「究極の兵器」に巨額の金が費やされているのである。その無駄は人類社会に緩慢な死をもたらすかもしれない。

8 「究極の逆説」

極めつけは、核抑止論が破綻すれば、核兵器使用の応酬が起きることである。それは人類社会の滅亡を意味している。国家と人民の安全を守るはずの核兵器が全てを消滅させるという「究極の逆説」がそこに現れる。国際政治学者ハンス・モーゲンソーは、そのことを次のように言っている（ハンス・モーゲンソー著／現代平和研究会訳『国際政治』（福村出版、一九九八年））。「核軍事力を行使して破壊するぞと相手方を脅すことは、一定の条件の下では合理的ではありうる。だが、相手方を実際に破壊することは、それによって自身の破壊をも招くことになるので、非合理的といわなければならない」。私は、核抑止論の合理性を一切認めないけれど、抑止が破綻した場合の「相互確証破壊」はありうると思うので、彼の結論に説得力を認めている。

9 核兵器依存以外方法はないのか

以上述べたとおり、核兵器に依存するということは、人類存亡の危険を賭けることであり、壮大な無駄をすることになることが明らかになった。そうしなければ、私たちの安全と生存は保持できないのであろうか。問題を単純化すれば、「平和を望むなら核兵器に依存しなければならない」のか、それ以外の選択肢はないのかということである。例えば、日本国憲法のいう「平和を愛する諸国民の公正と信義に信頼して、われらの安全と生存を保持」することはできないのかということである。

私は、後者の選択は可能であるし、それが出来なければ、人類が絶滅してしまうと怖れているのである。日本国憲法は、そのことを想定したうえで、非軍事平和思想を規範化したのである。日本国憲法のその思想と規範を世界化したいと思う。けれども、それに先行して、核兵器禁止条約の普遍化を求めたいと思う。それは、決して不可能な方針ではない。

五　もう一度世界の現状を確認しておく

今、世界には、一万二千五百発を超える核弾頭が存在し、その内のいくつかは、いつでも発射できる態勢にある。かつて広島を訪問したオバマ大統領も、今回の広島Ｇ７に参加したバイデン大統領もいつでも発射できる「核のボタン」が入ったカバンを従えていた。これまで、世界が吹き飛ぶ危険性は常にあったとされている。吹き飛ばなかったのは「単にラッキーだっただけ」という意見がある。グテーレス国連事務総長もそのことを言っている。私もそうだと思っている。

そのハイリスクから免れるためには、核兵器をなくすことであることは、誰にでもわかる理屈であるし、核兵器禁止条約もそのことを明言している。しかも、その条約は発効しているのである。人類は、核兵器をなくす知恵を発見し、国際条約という法制度まで作っているのである。

核兵器保有国や日本は、その条約は核の抑止力を否定しているから反対だとしている。日本政府は、わが国の安全保障のためにアメリカの核抑止力は不可欠なので、それを否定する核兵器禁止条約は「国民の命と財産を危うくする」としている。これは反対というよりもむしろ敵視であろう。

だとすれば、私たちの任務は、その核兵器保有国や日本政府の姿勢を変えることになる。核兵器廃絶は物理的には決して困難なことではない。核弾頭に使用されている核物質の量は決して多くないからである。現に、核兵器はピーク時の一九八六年には七万発存在していたけれど、現在は一万二千五百発台である。残っている数よりも減らした数の方が多いのである。しかもそれは、米ロの間で検証されながら進められてきたのである。核兵器禁止条約はどのように核兵器を廃絶するのかを示していないなどと非難する意見もあるけれど、政治的決断があれば、核兵器廃絶は決して不可能ではないのである。むしろ、原発の放射性廃棄物よりも量が少ないので原発の廃炉よりも容易であろう。

このようにして、私たちには、核兵器保有国や日本政府に、核廃絶の政治的決断をさせる運動が求められているのである。政治的決断を迫る唯一の方法は、核兵器廃絶の市民社会の声を醸成し、政治的意思として表明することである。日本はもとより米国の市民社会の核兵器観を転換することである。そのためには、彼我の力関係を知ることから始めなければならない。

第2章では、日本政府が私たちをどこに導こうとしているのかを検証する。

第2章　日本政府は私たちをどこに導こうとしているのか

はじめに

二〇二二年一二月、政府は日本の近未来についての「戦略」を決定した。「国家安全保障戦略」、「国家防衛戦略」、「防衛力整備計画」の「防衛三文書」である。この「戦略」の目的は日本を「防衛大国」にすることである。それが求められる理由は、中国、北朝鮮、ロシアという「独自の歴史観・価値観」を持つ国が、日本の安全保障を脅かしているので、それと対抗するためだとされている。相手国に日本攻撃の意思を持たせないようにし、また、仮に攻撃しても更なる攻撃をさせないための抑止力を保有しなければならない。自衛隊に「相手国の領域」への反撃可能な能力（反撃能力）[*1]を持たせるだけではなく、防衛力の強化のために全ての国力を傾注しなければならないというのである。日本版「先軍思想」[*2]に基づく現代版「国家総動員体制」[*3]確立宣言である。

さらにもう一つ強調されているのは、自由で開かれたインド・太平洋地域を含む国際秩序を米国との同盟や同志国との連携を強めながら確保するということである。この戦略には日本の安全保障だけではなく「民主主義国」と共同しての「既存の国際秩序の維持」という目的があることを忘れてはならない。

政府は、この戦略は「希望の世界」と「困難と不信の世界」との分岐点にある現在、「希望の世界」に向かうものだとしている。私は、この戦略は「希望の世界」ではなく真逆のディストピアに向かう道だと考えている。この小論は、政府の戦略が私たちをどこに導くことになるのかを検証するためのものである。

最初に、戦略がいう「反撃能力」を保有する日本がどのような国になるのかを考える。続いて、政府のいう「厳しい安全保障環境」の正体を検討する。さらに政府がこの戦略を決定してきた背景について考える。米国の動きと国内の戦争扇動勢力の動向を紹介する。その上で、私たちが、どのような対抗軸を設定する必要があるのかを検討する。その対抗軸は、核兵器依存からの脱却と憲法九条の非軍事平和主義の擁護とその世界化である。最後に、核兵器廃絶と非軍事平和思想の世界化の可能性を展望してみたい。

一　政府は日本をどこに導こうとしているのか

1　政府の基本方針

「防衛三文書」は、「希望の世界か、困難と不信の世界かの分岐点にある中」(「国家安全保障戦略」)、「国民の命と平和な暮らし、そして、我が国の領土・領海・領空を断固として守り抜くための我が国の基本方針」(「国家防衛戦略」)を定めている。

基本方針とは、第一に我が国自身の防衛体制の強化。第二に日米同盟による共同抑止・対処。第三に同志国との連携の三本柱である。第一の我が国自身の防衛体制の強化として、⑴我が国の防衛力の抜本的強化と⑵国全体の防衛体制の強化の二つが掲げられている。第二の日米同盟の強化としては、⑴日米同盟の抑止力・対処力の強化、⑵同盟調整機能の強化、⑶共同対処基盤の強化、⑷在日米軍の駐留を支えるための取り組みの四つである。

以下、これらの基本方針のうち、第一の我が国自身の防衛体制の強化。⑴我が国の防衛力の抜本的強化。⑵国全体の防衛体制の強化を取り上げ、その行き着く先をシミュレーションしてみる。日米同盟の強化と財源問題についても簡単に触れておく。

2　我が国自身の防衛体制の強化

政府は次のように言う。

「我が国を守り抜くのは我が国自身の努力にかかっている。自らの国は自らが守るという強い意思と努力があって初めて同盟国等と共に守り合い、助け合うことができる。このため、第一のアプローチとして、防衛力の抜本的強化を中核として、国力を統合した我が国自身の防衛体制を今まで以上に強化していく。」

(1) 防衛力の抜本的強化

政府は、防衛力を「我が国の安全保障を最終的に担保する力」と定義している。そして、それを抜本的に強化するというのである。抜本的に強化された防衛力とは「我が国自体への侵攻を阻止・排除し得る能力」であり「新しい戦い方に対応できる能力」だという。その鍵とされるのが「スタンド・オフ防衛能力を活用した反撃能力」である。

① スタンド・オフ・ミサイル[*4]は自衛隊の反撃能力

政府は次のように言う。

「我が国周辺ではミサイルの発射も繰り返されており、ミサイル攻撃が現実の脅威となっている。既存のミサイル防衛網だけで完全に対応することは難しくなりつつある。このため、相手からミサイルによる攻撃がなされた場合、ミサイル防衛網により、飛来するミサイルを防ぎつつ、相手からの更なる武力攻撃を防ぐために有効な反撃を相手に加える能力、すなわち反撃能力を保有する必要がある。この反撃能力とは、相手の領域において、有効な反撃を加えることを可能とするスタンド・オフ・ミサイルを活用した自衛隊の能力をいう。こうした能力は、武力攻撃そのものを抑止する。その上で、万一、相手からミサイルが発射される際にも、反撃能力により相手からの更なる武力攻撃を防ぎ、国民の命と平和な暮らしを守っていく。」

ここでは、相手方の武力攻撃を抑止するために「相手方の領域」に攻撃が可能なミサイルを保有し、その抑止が破綻した場合には、更なる攻撃を防ぐためにミサイルを発射するとされている。政府は「敵基地攻撃」に限定しないで「相手方の領域」に対する攻撃を可能にする能力を「反撃能力」としているのである。

② 抑止に失敗した場合

抑止に失敗し、相手国からミサイル攻撃があった場合には、日本もミサイルで反撃することになる。政府は、先制攻撃などはしないとしているけれど、それは主観的なものでしかない。相手国や国際社会がどう受け止めるかは別問題である。

そして、政府は更なる相手国からの反撃は想定していないけれど、こちらの反撃で敵のミサイルを全滅できなければ（普通はできない）、更なるミサイル攻撃は避けられないであろう。ミサイルの応酬が始まる。そして、敵も「基地」に限定しないとすれば、双方の都市が攻撃の対象となり、民間人や民間施設に被害が発生することになる。今、ウクライナで起きていることが、日本やその相手国でも起きることになるのである。これが、防衛力を抜本的に強化した場合の帰結である。

③ 三国は核兵器保有国

さらに深刻なのは、政府が敵国としているロシア、中国、北朝鮮はいずれも核兵器保有国だということである。しかも、彼らは「核兵器先制不使用政策」を米国と同様に採用していない（ただし、中国は採用しているとしている）。中国は日本政府の「核兵器を使用された唯一の国」などという言い方には「被害者面をするな」としている。核兵器使用を排除していないのである。核兵器が使用される戦争が北東アジアで発生する可能性を消すことはできない。核戦争が迫っているのである。核兵器が使用されれば、第三の広島、長崎が発生することになる。長崎は「最後の戦争被爆地」ではなくなる。新たな「この世の生き地獄」、ディストピアが出現することになる。

私には、政府の戦略が「国民の命と平和な暮らしを守る」ことであり「希望の世界」を実現するなどとは到底思えない。むしろ、真逆の「困難と不信の世界」へ一直線であろう。

(2) 国全体の防衛体制の強化

政府は次のように言う。

「① 防衛力の強化は自衛隊の抜本的強化がその中核となる。しかし、安全保障の対象・分野が多岐にわたるため、外交力・経済力を含む総合的な国力を活用し、我が国の防衛に当たる。研究開発、公共インフラ整備、サイバー安全保障、抑止力向上のための国際協力の四つの分野における取組を関係省庁の枠組みの下で推進し、総合的な防衛体制を強化する。これに加え、地方公共団体を含む政府内外の組織との連携を進め、国全体の防衛体制を強化する。

② 防衛生産・技術基盤は、自国での防衛装備品の研究開発・生産・調達の安定的な確保のために不可欠な基盤である。したがって、我が国の防衛生産・技術基盤は、いわば防衛力そのものなのでその強化は必要不可欠である。力強く持続可能な防衛産業を構築するために、官民の先端技術研究の成果の防衛装備品の研究開発への積極的な活用を進める。

③ 防衛装備品の海外への移転は、我が国にとって望ましい安全保障環境の創出のための重要な政

策的な手段となる。防衛装備移転や国際共同開発を幅広い分野で円滑に行うため、防衛装備移転三原則や運用指針を始めとする制度を見直す。

④　自衛隊員が、その能力を一層発揮できるようにするため、人的基盤を強化する。隊員の処遇の向上を図る。自衛隊衛生の総力を結集できる態勢を構築し、戦傷医療能力向上のための抜本的改革を推進する。」

要するに、国力の全てを防衛体制の強化のために動員するというのである。軍事優先の日本版「先軍思想」の表明であり、現代版「国家総動員体制」の宣言である。研究開発が防衛力の強化に組み込まれている背景には、政府の「学問の自由を擁護していると地政学的競争に負けてしまう」という認識がある。だから、軍事研究を拒否する学術会議は邪魔物とされる。「学問の自由」や「大学の自治」は防衛省の都合で踏みにじられることになる。

防衛力そのものである防衛産業の育成のために、研究者だけでなく国力全てが動員され、防衛装備品という戦争の道具が輸出の対象とされる。日本も「死の商人」の仲間入りすることになる。防衛産業は「我が世の春」を謳歌し、防衛族はこぞって軍事産業の株を買い漁ることだろう。

公共インフラも地方自治体も防衛力の強化に劣後することになる。政府の方針に異議を唱えるような自治体は存続できないであろう。沖縄の基地反対自治体への冷遇はもっとひどいことになるであろう。「地方自治」制度は危殆に瀕することになる。

自衛隊員は待遇が改善されるかもしれないけれど、戦死の覚悟を迫られることになる。「九条があるから入った自衛隊」という川柳は過去のこととなってしまう。

(3) 私たちへの直接の影響

もちろん、私たち一般国民にも影響はある。政府は次のように言う。

「国、地方公共団体、指定公共機関等が協力して、国民保護のための体制を強化する。円滑な避難に関する計画の速やかな策定を行う。住民避難等の各種訓練を行う。全国瞬時警報システム（J－ALERT）の情報伝達機能を不断に強化しつつ、弾道ミサイルを想定した避難行動に関する周知・啓発に取り組む。」

ミサイルが飛んでくることを想定しての避難訓練が行われるのである。南西諸島の住民にどこに避難しろというのであろうか。再び、沖縄戦の悲劇が再現されるかもしれない。

しかも、ミサイルには核弾頭が装備されているとして、ヨード剤や雨合羽が配給されるかもしれない。「国民保護計画」は、核攻撃があった場合の措置として、そのような対処策を想定しているからである。実際の核攻撃があれば、そんなものは何の役にも立たない。「その時は、皆一緒にくたばるわけだ[*5]」。

さらにこんなことも言われている。

「我が国と郷土を愛する心を養う。自衛官、海上保安官、警察官など我が国の平和と安全のために危険を顧みず職務に従事する者の活動が社会で適切に評価されるような取組を一層進める。」

愛国心が強調され、実力組織構成員に対する敬意が求められるのである。私たちが安心・安全なのは「兵隊さんたちのおかげです」という教育が行われるのであろう。そして、それに同調しない市民は「非国民」、「反日分子」として監視とヘイトスピーチの対象とされるであろう。

これが、政府の戦略がもたらす日本の近未来である。自民党改憲案は憲法九条の非軍事平和主義を「ユートピア思想だ」と悪態をついているけれど、この政府のこの戦略は私たちをディストピアへと導くことになるであろう。

3　日米同盟の強化

我が国独自の防衛力の強化だけではなく日米同盟の強化が言われている。それはあらゆる分野に及んでいる。端的には、トマホークの導入に表れている。米国では、日本に兵器を買わせようという法律が成立している。[*6] ここでは、特に注目しておきたい二例だけ紹介しておく。核問題と沖縄のことである。

(1)　核兵器について

核兵器についてはこのように言われている。

「核抑止力を中心とした米国の拡大抑止が信頼でき、強靱なものであり続けることを確保するため、日米間の協議を閣僚レベルのものも含めて一層活発化・深化させる。」

核抑止論というのは、自国に攻撃を仕掛けると核兵器によって反撃するぞという脅迫で相手方の攻撃を抑止しようという「理論」である。日本には核兵器がないので、米国の核の傘を利用するというのが「拡大抑止論」である。

それが本当に信頼できるためには、核兵器使用について米国と緊密な関係を持っておかなければならない。そのためには、現在の実務者レベルの協議を閣僚レベルに引き上げようというのである。

岸田首相が希望していることである。[*7] いざというときに使用してくれないと困るから紐づけしておこうというのである。「核共有論」の一亜種である。岸田首相は「核なき世界」などと言っているけれど、米国の核を利用したいのである。ちなみに核抑止論というのは、核兵器を所有するだけではなく、それを使用するとの意思を持っていることを前提とする「理論」である。「使用は駄目だが共有はいい」などという議論は無知の証でしかない。[*8] 核兵器は使用されることを前提として、警報即発射態勢[*9]の下で常時配備されていることを忘れてはならない。

(2) 沖縄について

沖縄についてはこうである。

「沖縄を始めとする地元の負担軽減を図る観点から、普天間飛行場の移設を含む在日米軍再編を着実に実施する。」

これは、沖縄の負担軽減などとおためごかしが言われているけれど、どんなことがあっても辺野古の基地は完成させるという決意表明である。このことは、日米共同声明で確認されている国策である。南西諸島は米中衝突の最前線に位置付けられているので、沖縄県民の意思など完全に無視されているのである。政府にとっては、民主主義も地方自治も関係ないのである。政府に民主主義や人権を口にする資格はない。

4 財源のこと

政府は、二〇二三年から二七年の五年間における基本計画にかかる経費は、四三兆円程度としている。もちろん、それがすべての防衛関連費ではない。また、それ以降も予算は計上されることになる。GDP二%の規模とされている。国内総生産が増えれば軍事費も自動的に増えることになる。「格段に厳しさを増す財政事情と国民生活に関わる他の予算の重要性等を勘案し、国の他の諸施策との調和を図る」などとされているが、殺傷と破壊という非生産的な行為のために巨額の血税が費やされることになるのである。

財源をどうするかという議論が行われている。それも論点ではあるが、肝心なことは、財源の有無ではない。そもそも、自殺行為ともいえるような自衛隊の強化や際限のない軍事大国化を図るのかが問われているのである。問題を矮小化してはならない。例え、潤沢な財源があったとしても、その道を進んではならないのである。もちろん、国債など論外である。

けれども、軍事費のための増税は実施されることになる。経済活動は国力の源泉だから法人税は増税すべきではないとか、国防は全ての国民に影響するのだから広く薄く負担すべきだなどという口実で、消費税の増税が行われるであろう。

そして、国が亡んだら医療も福祉も教育も意味がないのだから、軍事費を優先すべきだとして、社会保障費などは削減されるであろう。こうして、最低限度の文化的水準は引き下げられ、低所得者はさらに生活苦を強いられるであろう。

人々は、ミサイル応酬の恐怖の下で、貧困と不健康に苛まれながら、その生活を送ることになる。憲法九条も二五条も画餅とされてしまう。他方で、軍人と警官は威張り、市民は彼らの監視と右翼の跳梁跋扈を横目に「個人的生活」を送ることになる。この生活のどこが「希望の世界」なのだろうか。私には、政府の日本語が理解できない。

二　複雑困難な安全保障環境の正体

「国家安全保障戦略」は「国際社会は時代を画する変化に直面している」と書き出し、「希望の世界か、困難と不信の世界かの分岐点に立ち、戦後最も厳しく複雑な安全保障環境の下にあっても、我が国は、普遍的価値に基づく政策を掲げ、国際秩序の強化に向けた取組を確固たる覚悟を持って主導していく」と結ばれている。

この戦略文書は「厳しく複雑な安全保障環境」にあっても、我が国は「普遍的価値」に基づき、「国際秩序の強化に向けた取組」を「確固たる覚悟」で主導し、「希望の世界」を実現するという決意を示しているのである。

私たちが、この文書の評価をする際には、「時代を画する変化」、「厳しく複雑な安全保障環境」、「普遍的価値」、「国際秩序に向けた取組」、「確固たる決意」とは何を意味するのかを知らなければならない。以下、その用語の意味を検討してみたい。

1　時代を画する変化と複雑な国際環境

最初に、政府がいう「時代を画する変化」とか「厳しく複雑な安全保障環境」という中身を検討してみよう。

(1) 対立と競争の絡み合う時代

政府の情勢認識はこうである。

「自由で開かれた安定的な国際関係は、重大な危機に晒されている。気候変動問題や感染症危機を始め、国境を越えて各国が協力して対応すべき諸課題も生起しており、国際関係において対立と協力の様相が複雑に絡み合う時代になっている。」

各国が協力して対応すべき問題が山積していることはそのとおりである。人類社会はピンチなのである。つまらん対立などしている場合ではないのである。にもかかわらず対立が強調されている。

対立については次のように説明されている。

「我が国を含む先進民主主義国は、普遍的価値を擁護し、共存共栄の国際社会の形成を主導してきた。普遍的価値を共有しない一部の国家は、独自の歴史観・価値観に基づき、既存の国際秩序の修正を図ろうとする動きを見せている。武力の行使の一般的禁止という国際社会の大原則があからさまな形で破られた。海洋における一方的な現状変更の試みも継続している。これらは、既存の国際秩序に挑戦する動きであり、国際関係において地政学的競争が激化している。」

ここでは、日本を含む先進民主主義国と「独自の価値観の国」の対立が強調されている。価値観の違いを基準として、非民主主義国が既存の国際秩序に挑戦しているとの構図が描かれている。既存の国際秩序とは「自由で開かれた安定的な国際秩序」ということである。

多様性は否定され、既存の国際秩序が強調されている。先進民主主義国は正しい行動をしてきたとされ、ロシアの暴挙には触れられているけれど、米国の武力行使や干渉行動は無視されている。

「専制主義国家[*10]」という用語は使用されていないけれど、バイデン政権の「民主主義国」と「専制主義国家」との対立構造と同様の情勢認識である。

既存の国際秩序を維持しようとする勢力が、それに挑戦する勢力への敵意を顕わにしているのである。「トゥキディデスの罠[*11]」なのかもしれない。いずれにしても、「新興国」との共存共栄の意思は希薄であり危険である。

(2) 我が国の安全保障環境

政府は、日本は戦後最も厳しく複雑な安全保障環境に直面しているという。安全保障環境を害している国として中国、北朝鮮、ロシアが名指しされている。その趣旨は次のとおりである。

① 中国

「中国は、国防費を継続的に高い水準で増加させ、核・ミサイルを含む軍事力を増強している。我が国の尖閣諸島周辺における領海侵入や領空侵犯を含め、東シナ海、南シナ海等における海空域において、力による一方的な現状変更の試みを強化し、日本海、太平洋などでも、我が国の安全保障に影響を及ぼす軍事活動を拡大・活発化させている。

中国は、台湾について平和的統一の方針は堅持しつつも、武力行使の可能性を否定していない。さらに、中国は我が国近海への弾道ミサイル発射を含め台湾周辺海空域において軍事活動を活発化させており、台湾海峡の平和と安定について、国際社会全体において急速に懸念が高まっている。

現在の中国は、我が国と国際社会の深刻な懸念事項であり、国際秩序を強化する上で、これまでにない最大の戦略的な挑戦であり、我が国の総合的な国力と同盟国・同志国等との連携により対応すべきものである。」

中国は、国際秩序を強化するうえで「深刻な懸念事項」だというのである。その理由は、中国が力による現状の変更をしていることと、台湾での武力行使の可能性である。これらの事態に我が国の「総合的な国力」と「同盟国などとの連携」で対応するというのである。

中国の行動に問題があることは事実である。尖閣列島周辺での行動も挑発的であり対応が必要である。けれども、島をとられない程度の実力は保持すべきだという意見もあるけれど[*12]、無人島の取り合いで戦争をしなければならない理由はない。せめて、国際司法裁判所への提訴などの方法は検討すべきであろう。また、南沙諸島などでの紛争に自衛隊が出かけていく理由も根拠もない。

② 台湾問題について

中国は台湾海峡周辺で軍事活動をしている。けれども、それと同様に、米軍や海上自衛隊が同志国と共同訓練している[*13]。米国高官がこれ見よがしに台湾を訪れている。緊張を高めているのはお互い様である。中国だけを悪者に描くのは、中国の敵愾心を煽り、国民に誤解と偏見をもたらすだけである。

ところで、台湾の独立は許さないという中国政府の姿勢は誰でも知っていることである。台湾での独立運動が起きれば、台湾海峡で「熱い戦い」が起きる可能性は否定できない。

けれども、中台間に武力衝突が起きたからといって日本が台湾に味方しなければならない理由はない。台湾のために自衛隊員が命を掛けなければならない義務も義理もない。いわんや日本を戦場にするなど論外である。

けれども、政府は不介入の選択をしようとしないのである。むしろ、日本が台湾界隈での武力紛争に積極的に関与しようとしているのである。政府は、「台湾は大切な友人」としているし、「一方的な現状変更や各種事態の生起を抑止するため、自衛隊による米軍艦艇・航空機等の防護といった取組を積極的に実施する」としているのである。

だからこんな事態が想定できる。台湾に対する米軍の支援が行われた場合、米軍に対する中国軍の攻撃が行われうる。それが、我が国の安全を危うくする「存立危機事態」と認定されれば集団的自衛権の行使ということになる。その支援に出動した自衛隊に対する攻撃があれば、「武力攻撃事態」ということで、個別的自衛権が行使されることになる。いずれにしても、日本が米中戦争に巻き込まれるのである。もちろん、その前に、台湾海峡で何かあれば「重要影響事態」とされ臨戦態勢がとられることになる。それが「安保法制」の仕組みである。こうして、「安保法制」は台湾海峡での現実の戦争へと日本を導くことになるのである。

政府は、日本が中台紛争に関わることを避けるのではなく、その渦中に主体的に入ることを想定しているのである。「積極的平和主義」の歪んだ発露である。「台湾有事は日本有事」という言説は論理的にも法的にも必然の結果ではないけれど、政府はそのような選択をしているのである。台湾関係法に基づき台湾に武器売却を続けている米国への忖度が見え見えである。こうして、台湾のために、米国の意向と指示で、自衛隊のみならず日本全体が危険に巻き込まれることになるのである。

台湾をめぐって米中が対決しても、日本は軍事的関与を拒否するという選択こそが、日本と日本国民にとってベストであろう。政府の戦略は日本に「再び戦争の惨禍をもたらす」ことになる。

③　北朝鮮

「北朝鮮は、新たな態様での弾道ミサイルの発射等を繰り返し、急速にその能力を増強している。特に、米国本土を射程に含む大陸間弾道ミサイル（ＩＣＢＭ）の発射などミサイル関連技術及び運用能力は急速に進展している。更に、核戦力を質的・量的に強化する方針であり、重大かつ差し迫った脅威となっている。拉致問題は、我が国の主権と国民の生命・安全に関わる重大な問題であり、国の責任において解決すべき喫緊の課題である。」

北朝鮮が、核やミサイル開発を続けていることは事実である。逆に、米日韓が北朝鮮を敵視して核攻撃を含む軍事訓練をしていることも忘れてはならない。[*14] 北朝鮮だけが、一方的に「挑発」しているわけではない。そもそも、朝鮮戦争は終結していないし、米日韓と北朝鮮との敵対関係は継続しているのである。米国という超大国は、これまで、他国に軍事介入してきたし、命を奪われた大統領もいる。「体制転覆」を阻止するという北朝鮮の事情を無視したまま、その脅威だけを煽り立てても「百害あって一利なし」である。

また、拉致は人道と人権にかかわる問題であり、国家安全保障とは切り離して解決されるべき課題である。拉致問題を出汁にして北朝鮮に対する敵意を煽り立てる政府の手法には憤りを覚える。

北朝鮮の脅威を解消するための抜本的方法は朝鮮戦争を終結させることである。その努力をしないままに「北の脅威」を煽ることはナンセンスでしかない。日本には「半島が平和になれば困る人」の言説が溢れすぎている。政府は、首相の「前提なしの首脳会談」ではなく、「六者会合」の再開、「米朝協議」を提唱すべきである。北朝鮮は日本政府を相手にしても全く意味がないと考えているからである。

④　ロシア

「ロシアによるウクライナ侵略により、国際秩序を形作るルールの根幹がいとも簡単に破られた。同様の深刻な事態が、将来、東アジアにおいて発生する可能性は排除されない。

さらに、ロシアは北方領土でも軍備を強化し、中国との間で戦略的連携を強化している。」

プーチンのウクライナ侵略が国際法上違法であり、戦争犯罪であり、核使用の威嚇が許されないことはいうまでもない。核兵器の使用や核戦争の危険性も指摘されている。

けれども、ロシアが日本を侵略してくるというのは、ソ連の日本侵略が「絵空事」（元自衛隊幹部[15]）であったと同様のミスリードであろう。プーチンと故安倍晋三元首相はつい最近まで「同じ未来」を見ていたのである。[16]ロシアや中国は太平洋に出るのに日本が邪魔だから、日本を自分のものにしようと考えているという言説[17]もあるけれど、それは煽り過ぎだろう。ロシアが、ヨーロッパと極東の両方で「熱い戦争」をやるという想定は荒唐無稽である。

(3)　我が国を取り巻く厳しい安全保障環境への対処方法

政府がいう我が国を取り巻く厳しい安全保障環境とは、中国、北朝鮮、ロシアの軍事力強化やその行動である。そうすると、解決すべき課題は、三国の軍事力強化をどう阻止するかとその行動をどう制御するかである。

①　軍事力強化にどう対応するか

確かに、いずれの国も軍事力は強化している。けれども、それは米国にはかなわない規模である。

米国が世界最強の軍隊を保有し、世界中に展開していることは誰でも知っている。三国は、その最強国家である米国に睨まれているのである。[*18] 米国に睨まれた大統領が地の果てまで追い詰められて殺され、葬式すら出せなかったことも周知のことである。三国が一方的に潰されない程度の「抑止力」を備えなければと考えても無理はない。その三国に対し、一方的な軍事力削減の提案など通用するわけがないであろう。三国の軍事力強化に脅威を覚えるのであれば、自らも軍拡をせず、米国の軍事力強化にも異を唱え、双方の軍拡競争に歯止めをかけることが道理であろう。「俺は持つお前は捨てろ核兵器」などという論理が通用するわけがない。「一斉に捨てよう」という論理のみが合理的であり現実的であろう。

② 三国は、いつ、日本に侵攻してくるのか

ロシアは軍事力をウクライナで使用しているし、中国と共同で日本周辺に艦隊を派遣している。中国は人民解放軍を「世界一流の軍隊にする」としているし、台湾海峡で軍事訓練もしている。北朝鮮はミサイル発射をしているし、核実験を再開するかもしれない。けれども、彼らは、日本に侵攻するという意思を示したことはない。

政府も「脅威は能力と意思の組み合わせで顕在化するところ、意思を外部から正確に把握することには困難が伴う」としている。現状で、政府は三国の「日本侵攻の意思」を「外部から把握していない」のである。だとすれば、まず求められるのは、軍拡競争ではなく外交努力であろう。

にもかかわらず、政府は「国家の意思決定過程が不透明であれば、脅威が顕在化する素地が常に存在する」としているのである。三国は「国家意思決定の過程が不透明な国家」なので、いつ侵攻

の決意をするかわからないというのである。とにかく三国は危険国家だという決めつけである。

ところで、政府は三国の危険性を言い立てるけれど、どの国を対象としての「安全保障政策」だということは言わない。三国すべてを対象にしているようである。そこで、三国の侵攻の可能性を検討してみよう。

ただし、先に述べたように、台湾問題は別である。中国の台湾への侵攻は日本への武力行使ではないからである。台湾問題は「武力衝突など止めておけ。日本は関知しない」と言えば済む話である。現状維持（status quo）でいいのである。台湾の人々もそれを望んでいるようである。[*19]

③　三国の侵攻の可能性

ロシア、中国、北朝鮮が、どういう理由で日本に侵攻するのであろうか。政府は、ロシアがウクライナを侵攻しているような事態が、日本周辺でも起きるかもしれないとしているけれど、誰がそれをするのかについても、何時起きるかも言っていない。抽象的な危機感を煽っているのである。このことを言い立てるのは、ウクライナが攻められたのは抑止力が弱かったとか、同盟国がなかったからだという理由付けのための姑息な態度であろう。そもそも、日米政府の間での中国敵視を前提とする共同行動は、ロシアのウクライナ侵略よりも前に始まっているのである。

結局のところ、日本周辺で起きるかもしれない武力侵攻というのは、中国の台湾侵攻を念頭に置いたものである。けれども、それは、日本への侵攻でないことはすでに述べたとおりである。

中国やロシアとは領土をめぐる紛争はあるけれど、ミサイルの撃ち合いで解決できる問題でも、そうすべき問題でもない。国際司法裁判所などを利用すればいいし、管轄の問題があるとすれば、国際司法裁判所の強制管轄権の確立の方向で外交努力をすればいいのである。ミサイルの応酬より平和的だしコストもかからないだろう。

北朝鮮が「挑発行為」に出るのは朝鮮戦争が終結していないからである。休戦協定から終戦・平和条約の締結が追求されるべきであろう。せめて「世界最大の総合的な国力を有する」米国が軍事攻撃はしないと約束すれば事態は好転するだろう。そうなれは、国連軍基地がある日本が攻められる理由はなくなる。トランプ前大統領の路線を進めればいいのである。米国と朝鮮の間で戦争が再開されない限り、北朝鮮に日本を侵攻する理由はない。

④　厳しく複雑な安全保障環境の正体

こうしてみると、三国が日本に武力攻撃を仕掛けてくる理由は見当たらない。

政府は、「我が国を取り巻く安全保障環境は厳しい」と呪文のように唱えている。けれども、そうなるのは「味噌も糞も一緒」の議論をするからである。政府は、三国のうちどの国が、何時侵攻するかなどわからないとしながら一般的な危機感を煽り、台湾と運命を共にしなければならない理由などないにもかかわらず、それがあるかのように振る舞っているのである。日本への「武力攻撃」と中国と台湾の「武力衝突」との違いを無視して議論しているのである。中国政府が台湾の独立を阻止するために武力を行使することが、我が国の主権や独立、あるいは、日本国民の生命と財産にどのように影響するというのか、政府は何も説明していない。その説明が困難であることを自覚しているので、三国の一般的脅威を言い立てているのであろう。

政府の「厳しく複雑な安全保障環境」の正体は、一面では、針小棒大の危機感の扇動であり、他面では、米中間で醸成されている対立の一環である「台湾危機」に主体的かつ積極的に関与するための準備なのである。後者こそが、「防衛三文書」が作成された理由である。

その戦略を合理化するレトリックが「普遍的価値」の共有であり、その目標は「国際秩序の維持」である。引き続き、そのことを検討する。

2 「普遍的価値」とは何か

政府は普遍的価値という用語を頻繁に使用する。それは、自由、民主主義、基本的人権の尊重、法の支配を意味している。私もこれらの普遍的価値は認めている。

けれども、日本や米国でその普遍的価値がどこまで実現しているかは大いに疑問である。米国では、前大統領が選挙に不正があったとして支持者を国会議事堂に乱入させている。戦後がないと言われるほどに、世界のあちこちで殺戮と破壊を繰り返している。日本では、野党が臨時国会の召集を求めても政府はそれをシカトしている。死刑については誤判が相次いだけれど死刑制度は残っている。「人の振り見て我が振り直せ」という警句を教えてやりたいと思う。

そもそも、自分が正しいと考えても、相手がどう思うかは別問題だし、「教師面」されるのを嫌がる人もいる。自分は正しいけれども相手も正しいという場合もありうる。正義を力で押し付けることが不正義となる場合もありうる。「熊の親切余計なお世話」というロシアの諺もある。[*20] 私は、政府がいう「普遍的価値」を一般的には否定しないけれど、日米両国政府のようにそれを振りかざすことは国際社会分断のレトリックでしかない。そして、自分が正義で相手を悪魔だと見做すとき、悪逆非道が合理化されることになり、主観的正義同士のたたかいは双方を底なしの深淵に追いやることになる。

3　どのような国際秩序をどのように確保するのか

政府は次のように言う。

「自国を守るためには、『力による一方的な現状変更』は困難であると認識させる抑止力が必要である。防衛力を構築し、相手に侵略する意思を抱かせないようにする必要がある。防衛力は、安全保障を確保するための最終的な担保であり、脅威を抑止するとともに、脅威が及ぶ場合には、これを阻止・排除する意思と能力である。

そのためには、防衛目標を明確にし、具体的な手段を示す必要がある。

目標は、現状変更を許容しない安全保障環境を創出すること。同盟国・同志国等と協力・連携して抑止すること。抑止が破れ、我が国への侵攻が生起した場合には、その態様に応じて阻止・排除すること。また、核兵器の脅威に対しては、核抑止力を中心とする米国の拡大抑止と相まって我が国を守り抜くこと、などである。

具体的手段は、我が国の防衛力を抜本的に強化するとともに、国全体の防衛体制を強化すること。日米同盟の抑止力と対処力を更に強化すること。自由で開かれた国際秩序の維持・強化のために協力する同志国等との連携を強化することなどである。」

ここでは、日本の防衛に止まらず、「自由で開かれた国際秩序の維持・強化」のための協力が語られている。我が国は「自由で開かれたインド太平洋を含む国際社会」の一部であり、インド太平洋地域の秩序の崩壊は、我が国の利益にならないという発想である。その秩序の「価値観の違う国家」による「力による一方的な現状変更」を阻止するというのが政府の戦略なのである。

そして、一方的な現状変更を阻止し、現在の秩序を維持・強化するためには、抑止力という防衛力が必要とされている。防衛力とは自衛隊の強化にとどまらず国全体の防衛体制の確立だとされているだけではなく、日米同盟の核抑止力を含む強化や同志国との連携強化も含意されているのである。

要するに、力と力、軍事力と軍事力、核戦力対核戦力という発想のもとに、我が国の防衛に止まらず、自らに都合がいい現在の国際秩序の維持と強化を図ろうというのである。今回の「防衛三文書」が北朝鮮の脅威や尖閣諸島のためなどと錯覚してはならない。政府はもっと大それたことを考えているのである。

次にそのことを検証してみる。

三　米国の対中政策と日米関係

米国はトランプ政権時代に対中国政策を転換し、バイデン政権もそれを引き継いでいる。二〇一七年一二月トランプ政権は「国家安全保障戦略」で、関与政策[*21]から対中強硬路線へ転換し、中国を競争相手と位置付けた。そして、「一つの中国政策」を継承するとしながら、台湾との関係強化へと転換した。二〇二一年発足したバイデン政権もその路線を継承している。そのことを確認したうえで、[*22]以下、バイデン政権の対中国政策と日米関係を時系列で整理する。

二〇二一年三月　バイデン政権暫定版国家安全保障戦略

中国は安定し開かれた国際システムに継続的に課題を突きつけるために、自国の経済力・外交力・軍事力・技術力を組み合わせる能力を保持し得る唯一の競争相手である。

同年三月一六日　日米安全保障協議会（2＋2）

日米両国は、中国による既存の国際秩序と合致しない行動は、日米同盟及び国際社会に対する政治的、経済的、軍事的及び技術的な課題を提起していることを認識した。日本は国家の防衛を強固なものとし、日米同盟をさらに強化することを決意し、米国は核を含むあらゆる種類の米国の能力による日本の防衛に対する揺るぎない関与を強調する。

同年四月一六日　日米首脳共同声明「新たな時代における日米グローバル・パートナーシップ」

日米両国は、台湾海峡の平和と安定の重要性を強調するとともに、両岸問題の平和的解決を促す。日本は同盟及び地域の安全保障を一層強化するために自らの防衛力を強化することを決意した。米国は、核を含むあらゆる種類の米国の能力を用いた日米安全保障条約の下での日本の防衛に対する揺るぎない支持を改めて表明した。

同年四月二八日のバイデン大統領施政方針演説

習近平主席について次のように述べている（同年五月五日付『日本経済新聞』の訳）。

彼は本気で世界で最も重要で影響力のある国になろうとしている。彼は、民主主義はコンセンサスを得るのに時間がかかりすぎ、二一世紀には専制主義に対抗し得ないと考えている。私は習主席に「私たちは競争を歓迎する。対立を望んでいるのではない」と話した。ただ、全面的に米国の利益を守ることも明確にした。私はまた習主席に「紛争を始めるためでなく防ぐために、欧州での北大西洋条約機構（NATO）と同じように、インド太平洋地域で強力な軍事プレゼンスを維持する」とも伝えた。

二〇二二年一月七日　日米安全保障協議会（2＋2）

ルールに基づく秩序を損なう中国は、地域及び世界に対する政治的、経済的、軍事的及び技術的な問題を提起している。地域における安定を損なう行動を抑止し、必要であれば対処するために協力する。

日本は、国家の防衛を強固なものとし、地域の平和と安定に貢献するため、防衛力を抜本的に強化する。米国は、インド太平洋における態勢と能力を最適化する。米国は、核を含むあらゆる能力を用いた日米安全保障条約の下での日本の防衛に関与する。

閣僚は、自由で開かれたインド太平洋地域への関与を強く再確認し、地域の平和、安全及び繁栄の礎としての日米同盟の不可欠な役割を認識した。

同年五月二三日　日米首脳共同声明「自由で開かれた国際秩序の強化」

両首脳は、同盟の抑止力及び対処力を強化することへのコミットメントを新たにした。岸田総理は、ミサイルの脅威に対抗する能力を含め、国家の防衛に必要なあらゆる選択肢を検討する決意を表明した。岸田総理は、日本の防衛力を抜本的に強化し、その裏付けとなる防衛費の相当な増額を確保する決意を表明し、バイデン大統領は、これを強く支持した。

両首脳は、米国の拡大抑止が信頼でき、強靱なものであり続けることを確保することの決定的な重要性を確認した。

民主主義的な二大経済大国として、日米両国は、民主的な価値、規範及び原則を支持し、平和、繁栄及び自由が確保される未来へのビジョンを推進するという独自の義務を負っている。岸田総理及びバイデン大統領は、共にこの責任を引き受けた。

このように、日米政府間で約束されているのである。米国は中国政策を転換して、中国を競争相手として位置付け、インド太平洋地域でNATO規模の軍事プレゼンスを確立するとしているのである。日本はその転換を受け入れ、地域の平和と安定のために、防衛力を抜本的に強化し、その裏付けとなる防衛費の増額を決意しているのである。そして、米国はインド太平洋地域への関与と日本の防衛のために核を含む抑止力を提供するとしている。

日米両国政府は、インド太平洋地域に、中国けん制を目的として、NATO規模の軍事同盟を構築しようとしているのである。今回の「防衛三文書」が、このような米国の対中政策の転換と、日米両国政府の合意の上に、日本国内の体制を整えるために作成されていることは明らかである。この戦略は、ロシアのウクライナ侵略とは無関係に形成されてきたことを確認しておきたい。

さらに国内にはこの政府の「戦略」を右から支える勢力も存在する。

四　国内の補完勢力

1　「国力としての防衛力を総合的に考える有識者会議」

内閣に右記の有識者会議が設置されていた。その目的は、「我が国を取り巻く厳しい安全保障環境」を乗り切るために、「自衛隊の装備・活動の抜本的強化」のみならず、経済力も含め国力を総合して対応するために、自衛隊と民間の共同事業、研究開発、国際的な人道活動など「総合的な防衛体制」の強化について検討するためとされていた。

メンバーは、総合科学技術・イノベーション会議議員、日本総合研究所理事長、日本経済新聞社顧問、三井住友フィナンシャルグループ会長、三井住友海上保険顧問、日本国際問題研究所理事長、中西寛京大教授、科学技術振興機構理事長、国際文化会館チェアマン、読売新聞顧問などで構成されていた。

この「有識者会議」が岸田首相に提出した報告書には次のような記述があった。

「防衛力強化の目的は、国民の命と財産、我が国の主権及び平和と独立を守り、国際社会の秩序と安定を守ることにある。自分の国は自分たちで守るという考えを明確にすることは、同盟国の信頼をゆるぎないものにするために不可欠だ。政府は、国民に対して、防衛力強化の目的を『我が事』であるということを理解させよ。」

憲法の「非軍事平和」はもとより「専守防衛」なども完全に無視する報告書である。

座長の佐々江賢一郎氏は「日本は攻撃されても守りに徹し、決してこちらにはやって来ない『イージーターゲット（餌食）』だとみなされないようにするためには、敵地に届くミサイルも必要になってくる」、「日本は戦争を望んでいるのではなく、戦争を阻止するために、力を蓄え、それを見せつけなければいけない。平和のための軍備、防衛強化が必要だ。日本に手を出せば火の粉を浴びると思ってもらわない限り、日本は『イージーターゲット』になる」という考えの人である。[*23]

また、会議に参加した折木良一元統合幕僚長は次のように言っていた。[*24]

「日本は、ロシア、中国、北朝鮮の意図次第でいつでも有事となりうる脅威の最前線にある。防衛力を核心に、国家の総合力を必要とする時代になっている。まずは、抑止、そしてハイブリッド戦から伝統的戦いまでの覚悟と備えが必要。『相手が嫌がり、強化されると痛い分野』への投資が必要。」

報告書は、この元統合参謀長の提言について「当該御所見を参考にさせていただいた」としている。有識者たちは、元自衛隊制服組トップの「御所見」を参考にしていることに注目しておきたい。こういう議論が、政府の「有識者会議」で行われ、それが政府の「防衛三文書」に活かされているのである。

さらに次のような「シンクタンク」もある。

2　日本戦略研究フォーラム

(1)　フォーラムの面々

この組織は、「わが国の安全と繁栄のための国家戦略確立に資する研究を行うと共に、その研究によって導き出された戦略遂行のため、現行憲法の是正をはじめ、国内体制整備の案件についても提言したい」として、一九九九年に設立されている。現会長は屋山太郎氏。故安倍晋三氏は永久顧問である。政治家のメンバーとして、稲田朋美、衛藤晟一、岸信夫、佐藤正久、高市早苗、長島昭久、中谷元、細野豪志、山谷えり子、渡辺周氏などが名を連ねている（ほかにもいるが省略）。元防衛官僚、元自衛隊幹部、元外務官僚、学者、元共産党幹部もメンバーである。

(2)　「台湾有事」についてのシミュレーション

そのフォーラムが、政治と国民の意識を啓蒙するために、台湾海峡に関するプロジェクトを立ち上げ、その成果として『自衛隊最高幹部が語る台湾有事』（新潮新書、二〇二二年）が出版されている。この本では次のようなことが書かれている。

中国のミサイル約一六〇〇発は南西諸島全域を射程に収めている。中国が台湾を隔離しようとすれば尖閣諸島の領域にも中国軍艦艇が遊弋する。東シナ海の様な半閉鎖海で紛争が起きれば、必ず沿岸国を巻き込むことになる。台湾海峡危機は、日本に甚大な影響を及ぼす。その影響を最小限に抑えるためには平素からどのような備えが必要になるか、それを考えておかなければならない。

中国はミサイルで日本を狙っている。一六〇〇発の弾道ミサイルを持ち、五〇〇基の発射台付き車両がある。この五〇〇〇基が一度に日本を狙えることになる。この全部を無力化することは不可能だ。しかし、「座して死を待たない」ためには、攻撃対象はミサイルでなくていい。指揮統制中枢でもいいし、司令部でもいい。場合によっては、日本の総理官邸にあたる敵のリーダーシップでもいい。

量子やサイバー研究拠点を横須賀あたりに作って、毎年一兆円くらいの予算を出せ。もちろん、反自衛隊、反日米同盟で軍事研究を許さないと頑張っている日本学術会議の息のかかった施設は除いて。

沖縄の反基地闘争とか、イージス・アショアの失敗とか制度的に地方自治の権限が強すぎる。国の安全保障に関して地方自治体が拒否権を持つことの是非を考えなければならない。

内閣法制局が「憲法違反の疑い」などという曖昧な一言で軍令事項（軍事作戦）に口を出していたが、これは健全な政軍関係から見て異常なことだ。法律論過剰だ。

中国の経済力は日本の三倍、防衛費は五倍という規模だ。日本は、日米同盟を基本にしてアメリカとの役割分担を考えつつ、まずどう戦うかを考えなければならない。中国に対抗する防衛力を構築しなければならない。

親中派と言われるシニアの政治家たちは、ソ連が敵だった時の人たちだ。しかも、戦争中の贖罪意識があった。七〇年代、八〇年代は正しかったかもしれないけれど、当時と今とでは日中間の力の差が大きすぎる。尖閣と台湾を狙っている。経済は半分つながっているのでわざわざ喧嘩する必要はないけれど、外交、安全保障をうまくやらないと中国に屈服させられてしまう。

このような議論が「防衛三文書」に色濃く反映している。自民党だけではなく、「有識者会議」とか民間のシンクタンクの中で、対中強硬論、防衛力優先論がはびこっていることに今更ながら驚かされる。そして、「有識者会議」には読売、日経、朝日などの関係者が参加していたのである。国内世論がどのように誘導されるかを想像するだけでも背筋が寒くなる。この国の支配層の腐敗と堕落は、私たちの想像を超える速度で進んでいるのかもしれない。

私たちは、その現実を踏まえ、対抗軸を確立し、果敢に抵抗しなければならない。「死神のパシリ」たちに負けるわけにはいかないからである。

五　対抗軸としての核抑止論評価

1　抑止力としての自衛力

政府の戦略の基底にあるのは抑止力としての防衛力である。敵の攻撃を拒否するためにも更なる攻撃を阻止するためにも「相手国の領域」に対する反撃能力が必要だというのである。敵の行動を制御するための力は「抑止力」とされ、それは「戦闘のための力」ではなく、「平和を維持するための力」というロジックで説明されている。「平和を望むなら戦争に備えよ」というローマ時代からの格言の現代版である。

2　核抑止力

さらに、この論理は核兵器こそが平和を維持する道具であるとする核抑止論に発展している。そして、日本には核兵器がないので、米国の核兵器に依存することが日本の安全を保障する最終手段であるとされている。「拡大核抑止論」である。

核兵器不拡散防止条約（ＮＰＴ）は、核兵器の使用は全人類に惨害をもたらすので核兵器の廃絶を展望するとしている条約であるけれど、その締約国である核兵器保有国はその特権的な地位を放棄しようとしない。また、核兵器禁止条約は発効しているけれど、日本政府や核兵器保有国はこの条約を敵視している。核兵器の必要性や有用性を承認する核抑止論がいまだ通用しているのである。私たちに求められているのは、この核抑止論の克服である。この克服がない限り「核兵器のない世界」は実現しない。

3　核抑止論克服

核抑止論克服の課題の最先端を行っているのは、核兵器禁止条約の第一回締約国会議の「ウィーン宣言」である。そこではこう決議されている。

「核兵器は、平和と安全を維持するどころか、強制、脅迫、緊張を高める政策の道具として使われている。核抑止論は、核兵器が実際に使用されるという威嚇、すなわち無数の生命、社会、国家を破壊し、地球規模の壊滅的な結末をもたらす危険性に基づいており、その誤りをこれまで以上に浮き彫りにしている。」

一九九六年の国際司法裁判所の勧告的意見が「国際社会のかなりの部分が長年にわたって依拠してきた『抑止政策』と言われる慣行も無視することはできない[*25]」としていたことを振り返れば、国際法は間違いなく進化しているのである。

4 「国際賢人会議」の到達点

政府は、二〇二二年一二月一〇日と一一日、「核兵器のない世界」に向けた国際賢人会議を開催した（この会議への私の要望はまえがきで述べた）。この賢人の中には、先に紹介した「日本戦略研究フォーラム」のメンバーである高見澤將林氏も含まれているので、大きな期待は持てないが、「核兵器のない世界」を目指しているのであるから、敵視する必要はない。

過去の賢人会議において「核抑止論」について次のような議論が行われていた。

「核軍縮の停滞や核の秩序の崩壊はどの国にとっても利益にならない。『核兵器のない世界』を追求することは共通の利益である。核抑止は、安定を促進する場合もあるとはいえ、長期的な国際安全保障にとって危険なものであり、すべての国は、より良い長期的な解決策を模索しなければならない。」

「賢人会議」にも核抑止論の功罪についての自覚はあるのだ。日本政府の核兵器依存には強固なものがあるが、核抑止論についての疑問を完全に無視し続けることはできないのであろう。

5　核抑止論の評価

核抑止論者たちは核兵器の効用について「精緻な議論」を積み上げてきたと誇っているし、「ベスト&ブライテスト」の人たちだと持ち上げる向きもある。けれども、私は、核抑止論は、神についていくら「精緻な議論」をしても神の存在を証明したことにはならないのと同様の空虚な営みでしかないと考えている。

そして、「恐怖の均衡による相互抑止という行為は放棄されなければならない。抑止の過程を通じての世界の平和、安定、均衡の維持という概念は、おそらく存在する最も危険な集団的誤謬である」という一九八〇年の国連事務総長報告[*26]に賛同している。

六　対抗軸としての非軍事平和思想

1　日本国憲法九条の背景としての原爆投下

一九四六年一一月三日、日本国憲法が公布された直後、日本政府は新憲法について次のように解説していた（『新憲法の解説』一九四六年一一月）。

「一度び戦争が起これば人道は無視され、個人の尊厳と基本的人権は蹂躙され、文明は抹殺されてしまう。原子爆弾の出現は、戦争の可能性を拡大するか、または逆に戦争の原因を終息せしめるかの重大な段階に達したのであるが、識者は、まず文明が戦争を抹殺しなければ、やがて戦争が文明を抹殺してしまうことを真剣に憂えているのである。」

2　識者とは、幣原喜重郎である

幣原喜重郎大臣は、制憲議会において次のような答弁をしていた（復刻版帝国憲法改正審議録）。「原子爆弾というものが発見されただけでも、或戦争論者に対して、余程再考を促すことになっている、日本は今や、徹底的な平和運動の先頭に立って、此の一つの大きな旗を担いで進んで行くものである。即ち戦争を放棄するということになると、一切の軍備は不要になります。軍備が不要になれば、我々が従来軍備のために費やしていた費用はこれもまた当然に不要になるのであります。」

3　現在の首相岸田文雄は次のように言う[*27]

＊北朝鮮や中国、そしてロシアが示す「核兵器」への執着心を見れば、「核の傘」を今すぐ「要らない」とはなかなか言えない。

＊北朝鮮のように国際社会の目を盗んで核開発を進める行為を許すわけにいかない。すでに保有している核兵器をすべて廃棄させなければならない。

＊国際的な反核運動などお構いなしに、ひたすら核軍備増強を続ける中国を「前門の龍」とすれば、独自の生き残り戦略として「使える核」の使用も辞さないロシアは「後門の虎」である。これが「核なき世界」をライフワークとする彼の正体である。

4　岸田首相のルーツは吉田茂

岸田首相は吉田茂元首相を「傑出した政治指導者の一人」と評価している。その理由は、吉田が日本防衛を米国に任せたことと、その選択が「米国市場」が日本に提供され、「米国資本」も導入され、日本の奇跡的な高度成長をもたらしたからだという。「日本は核とドルの下で生きていく」という「吉田ドクトリン」を最大限に評価しているのである。そして、この「日本国の命運を米国の核とドルに委ねる」という基本姿勢は、現在も、何も変わっていない。すでに一九五〇年代初期に、核兵器に対する畏怖も非軍事平和思想もすべて投げ捨てられていたのである。

5　核とドルに依存するということ

米国では、戦争を商売とする軍人と金儲けの機会とする軍事産業とその使い走りをする議員とそれを支持する愚かで野蛮な選挙民がいまだ力を持っている。軍産複合体の支配である。その潮流に抵抗せずむしろ迎合する勢力は日本にもいる。それが「核とドルに依存する」という意味である。私は、岸田氏や日本政府が核兵器と縁を切ろうとしないのは、ここに原因があると考えている。「米国に逆らうものは核で脅し、武力を行使してでも従わせる」という選択には核兵器が必要なのである。そして、彼らは、それを恥とは思わず、むしろ、国民のための選択と信じているのである。その信仰のような思い込みの極致が今回の「防衛三文書」なのである。核兵器の廃絶を目指し、一切の戦力のない世界を求める私たちとの溝はあまりにも深い。

七　核兵器も戦争もない世界はユートピアではない

1　核兵器のない世界に向けて

核兵器のない世界に向けての法的枠組みは「核兵器禁止条約」として形成されている。現に存在する核兵器を廃絶するための準備も始まっている。第一回締約国会議において、禁止条約四条が規定する核兵器廃絶のプロセスについての実施、特に将来の管轄国際機関の指定に関連する作業に関する非公式作業部会の設置も決定され、メキシコとニュージーランドが共同議長を務めることになった。核兵器保有国がその気にならなければ「核兵器のない世界」は実現しない。けれども、彼らが自発的にその気になるまで待っていては、その時は永遠に来ないであろう。核兵器保有は、特権であり、特権を享受するものは、進んでそれを放棄しようとはしないからである。その気にさせるためには、社会的圧力が不可欠である。核兵器禁止条約の発効とその実践はその圧力として機能するであろう。私たちは、核兵器禁止条約の普遍化を進めなければならない。

2　米国の世論の変化

唯一の核兵器使用国での核兵器観の変化は、「核兵器のない世界」を実現するうえでカギを握っている。米国の市民社会での変化を二例紹介しておく。

(1) ニューヨークタイムズの変化

ニューヨークタイムズが、二〇二〇年八月七日の紙面に、カナダ在住の被爆者サーロー節子さんの記事「地上の地獄。そして、何十年にわたる平和活動」と顔に酷いやけどをした被爆幼児の写真を掲載した。七五年間このようなことはなかった。同紙は、「アメリカは実戦で核兵器を使った唯一の国であり続けている。その教訓を学ぶことなくロシアと中国との核兵器競争へと突入しているかのようである。広島の七五周年記念は核兵器に関する深刻な社会的懸念をよみがえらせるいい機会だ」としている。そして、この変化は突然起きたものではなく、「大統領決定の是非」、「原爆の代替手段」、「道徳的結果」、「日本侵攻が避けられた」という四議題についての二〇一五年からの議論の積み上げがあり、原爆についての賛否両論の提示だけではなく、被爆者の惨状を伝える方向に変化し始めていた、というのである。[*28]

(2) オリバー・ストーンたちの指摘

米国の映画監督オリバー・ストーンと歴史学者ピーター・カズニックは、原爆が戦争終結につながったという誤った信念を抱いてきたアメリカ人の八五%は、原爆使用を是認している。しかし、アメリカ国民の大半が知らされていなかったのは、当時の米軍最高指導者の多くが原爆投下は軍事的には不必要であるか、道徳的には非難されるべき行為ととらえていた事実だったとしている。そして、トルーマン大統領付参謀長であったウィリアム・リーヒ提督の次のような言葉を紹介している。「日本はすでに敗北しており降伏する用意ができていた。広島と長崎に野蛮な兵器を使用したことは日本に対するわが国の戦争に何ら貢献していない。はじめてこの兵器を使用した国家となったことで、われわれの道徳水準は暗黒時代の野蛮人レベルに堕した[*29]」。

3　核兵器は減少している

人類社会に核兵器が最も多くあったのは、一九八六年の七万発である。それが、今では、一万二千五百発台になっている。しかもその削減は検証されている。政治的意思があれば、物理的には決して困難ではないのである。

八　核兵器と戦争の関係

1　ラッセル・アインシュタイン宣言

一九五五年の「ラッセル・アインシュタイン宣言」は、次のように言っている。

「人々は、滅びゆく危急に瀕していることを、ほとんど理解できないでいます。だからこそ人々は、近代兵器が禁止されれば戦争を継続してもかまわないのではないかと、期待を抱いているのです。このような期待は幻想にすぎません。たとえ平時に水爆を使用しないという合意に達していたとしても、戦争が勃発するやいなや、双方ともに水爆の製造にとりかかることになるでしょう。製造した側が勝利するにちがいないからです。」

私は、ここに、核兵器を禁止しても、戦争が存続している限り、核兵器はゾンビのように復活するという警告を読み取っている。

さらに宣言は「人類を滅亡させますか、それとも戦争を放棄しますか。人々は、この二者択一に向き合おうとしないでしょう。戦争の廃絶はあまりにも難しいからです」とも言っている。宣言は「近代兵器」を禁止するだけではなく「戦争の廃絶」を提起しているのである。

2 日本国憲法の到達点の再確認

核兵器がなくても戦争は可能である。今もそのような戦争は続いている。核兵器廃絶と戦争の廃絶は別問題である。だから、戦争の廃絶を棚上げして、核兵器廃絶を求めることは可能だし必要な営みである。けれども、戦争での紛争解決を容認する限りその復活を覚悟しなければならない。核兵器は戦争に勝つという目的からすれば「最終兵器」だからである。そこで、想起して欲しいのは、「近代兵器」にとどまらず、あらゆる戦争と一切の戦力を放棄している日本国憲法である。

日本国憲法九条

第一項　日本国民は、正義と秩序を基調とする国際平和を誠実に希求し、国権の発動たる戦争と、武力による威嚇又は武力の行使は、国際紛争を解決する手段としては、永久にこれを放棄する。

第二項　前項の目的を達するため、陸海空軍その他の戦力は、これを保持しない。国の交戦権は、これを認めない。

日本国憲法は、一切の戦力を保持しないとしている。そして、恒久の平和を念願し、人間相互の関係を支配する崇高な理想を深く自覚するのであって、平和を愛する諸国民の公正と信義に信頼して、われらの安全と生存を保持しようと決意した（前文）、としている。核兵器だけではなく一切の戦力を持たずに自らの安全と生存を保持しようという決意である。

それを、ユートピア思想だとしてあざ笑う人たちもいる。けれども、世界には二六ヵ国の軍隊のない国がある。そもそも、核兵器は人間が製造したものだし、戦争は人間の営みである。ウィルスではないのだ。廃絶できない理由はない。

私たちは、核兵器使用の非人道性を認識しているがゆえに、核兵器使用や威嚇の禁止にとどまらず、核兵器の廃絶を求めている。けれども廃絶を不可逆的なものにするためには、武力の行使を容認する戦争という制度も廃絶しなければならないのである。戦争をなくさなければ核兵器をなくせないということではないが、戦争の廃止は「核兵器のない世界」を実現する上で避けてはならない課題なのである。

七七年前、日本国憲法はそのことを想定していたのである。核兵器も戦争もない世界は、全人類に恐怖と欠乏から免れ平和のうちに生存できる基盤を提供し、人類はその可能性を全面的に開花させる新たな世紀を築くであろう。核兵器に依存して国家の安全保障を保持することが「希望の世界」だなどと倒錯した「国家戦略」が語られている今こそ、日本国憲法の徹底した非軍事平和思想に裏打ちされた規範の世界化を展望しながら、「核の時代」を克服しなければならない。

3　戦争非合法化思想

一〇〇年前、アメリカの弁護士サーモン・レビンソンは「われわれが望むのは、戦争がより少なくなることではなく、戦争がなくなること、戦争がより破壊的でなくなることではなく、戦争そのものをなくすことである」と言っている。[*30]「戦争非合法化思想」である。

彼の構想に限界はあったかもしれないし、当時との違いもある。けれども、私は彼の思想を受け継ぎたいと思う。あの「核のホロコースト」の実相も、全人類に「壊滅的人道上の結末」をもたらす核兵器が現存していることも知っているからである。「地球の生き残り」をかけてのたたかいが続いている。核兵器廃絶と九条の世界化を急がなくてはならない。

＊1　敵基地攻撃能力と言われることがあるけれど、政府はその攻撃対象を敵基地に限定していない。更なる攻撃ができないようにするための「相手国の領域」への攻撃能力を言っているのである。核抑止論では、敵基地や敵軍に対する攻撃をカウンター・フォースといい、敵国の市民までも対象とすることをカウンター・バリューとしている。後者の方が強烈な手段である。政府はそれを念頭に置いているのである。よって、本稿では「敵基地攻撃能力」ではなく「反撃能力」という用語を使用する。政府が「敵基地攻撃」という用語を使用しないのは、「専守防衛」の枠組みを超えていることを隠ぺいするためだという見解にも一理あるけれど、政府の定義を踏まえて「反撃能力」という用語で論を進める。

＊2　朝鮮民主主義人民共和国（北朝鮮）の国家運営の指導的方針。軍事を最優先させ、軍隊を主力に

革命と建設を推進し、強盛大国を実現するという思想。北朝鮮を揶揄するためではなく、日本製の戦略の特徴として使用する。

＊3　戦時又は戦争に準ずる事態に対し、国内の全機能全組織を有効に発揮できるよう、国内の人的物的資源を統制運用する体制。国家総動員法（一九三八（昭和一三）年）に基づくもの。

＊4　Standoff　離れている、孤立しているという意味。例えば、ラグビーでスタンドオフ（ＳＯ）とは、ポジショングループのひとつであるハーフバックをスクラムハーフ（ＳＨ）とともに形成し、フォワードのスクラムから離れて敵陣への攻撃を担当する任務。

＊5　ギュンター・アンダース著／青木隆嘉訳『核の脅威――原子力時代についての徹底的考察』（法政大学出版局、二〇一六年）。

＊6　米国イノベーション・競争法。対中国制裁・規制強化、ウイグル人権法の改正強化、グローバル・サプライチェーンの多様化支援、中国共産党の影響力への対抗基金の設置、台湾政府に関する永続的な安全保障戦略などが盛り込まれている。日本に関しては、長距離精密打撃兵器の開発、防空、ミサイル防衛能力への支援などが含まれている。

＊7　岸田文雄『核兵器のない世界へ』（日経ＢＰ、二〇二〇年）。

＊8　橋下徹は「日本でもこれから核シェアリングの議論をしていくべきだ。核は絶対使ってはいけないが、議論は必要だ」と言っているけれど（二〇二二年二月二七日）、使用を前提としない「抑止論」はありえない。

＊9　敵国が核攻撃を決断したことを察知した時点で、敵が核ミサイルを発射する機先を制して核攻撃

に踏み切るという体制。米ロで約一八〇〇発といわれている。

*10 一般には、君主や独裁者などの個人、あるいは一階級、一政党、軍部などの幹部からなる小集団が、自分たちの意思にのみ基づき政治を支配する方式。民主主義、議会主義、法の支配などと対立する語。

*11 トゥキディデスは古代アテナイの歴史家。古代ギリシャ時代の約二五〇〇年前、台頭するアテネと覇権を握るスパルタの間で長年にわたって戦われたペロポネソス戦争を記録し、「アテネの台頭と、それによってスパルタが抱いた不安が、戦争を不可避にした」と記した。新興国が覇権国に取って代わろうとするとき、二国間で生じる危険な緊張の結果、戦争が不可避となる状態を、米ハーバード大学教授で国際政治学者のグレアム・アリソン（Graham Allison）は「トゥキディデスの罠」と呼んだ。

*12 何も防備がなければ、必ずどこかの勢力がやってきます。まして中国なら確実にやってくるので、島をそんなに簡単に取られないだけのものは持っていなければならない。柳澤協二『非戦の安全保障論』（集英社新書、二〇二〇年）。

*13 例えば、二〇二二年一一月五日一一ヵ国（オーストラリア、カナダ、インド、インドネシア、マレーシア、パキスタン、韓国、シンガポール、タイ、日本、米国）が、艦艇約三〇隻、固定翼機一機、救難飛行艇一機の共同訓練をしている。海上自衛隊HP。

*14 例えば、二〇二二年九月、海上自衛隊の護衛艦一隻、アメリカ海軍の原子力空母「ロナルド・レーガン」や潜水艦など五隻、韓国海軍の駆逐艦一隻が参加しての訓練を行っている（二〇二二年

九月三〇日NHK)。

＊15 渡邊隆元陸将の回想『自衛官の使命と苦悩』(かもがわ出版、二〇一九年)。

＊16 「ウラジーミル。君と僕は、同じ未来を見ている。行きましょう。ロシアの若人のために。そして、日本の未来を担う人々のために。ゴールまで、ウラジーミル、二人の力で、駆けて、駆け、駆け抜けようではありませんか。」安倍元首相のウラジオストクでの東方経済フォーラム演説(二〇一九年九月五日)。

＊17 「あぁ、邪魔だ。日本が自国領ならスムーズに太平洋に出られるのに」と、地団駄踏みたい気持ちでしょう。佐藤正久『知らないと後悔する　日本が侵攻される日』(幻冬舎新書、二〇二二年)。

＊18 米国「国家安全保障戦略」は、中国、ロシア、北朝鮮、イランを敵視している。

＊19 現在の民意は「永遠に現状維持」がトップで二八・六%。「現状維持し、将来再判断」が二八・三%、「現状維持し、独立を目指す」が二五・二%で続く。「いますぐ独立」は五・一%、「いますぐ統一」は一・三%にとどまっている。台湾政治大学の調査。

＊20 熊が、友達である隠者の顔にとまったハエをつぶそうとして、力余って、隠者を殴り殺してしまったのである。熊としては、純粋に良かれと思ってやったことだったのだが。

＊21 関与政策(engagement)とは、それほど敵対的ではない国家に対して、こちらの思想、政策を理解させ段階的に同調させていく外交政策。相手国を軍事力で威圧するなどの手段ではなく、市場経済や民主主義の利点を伝えることによって、理解を促進していくところに特徴がある。

＊22 ブリンケン国務長官「トランプ大統領が中国に強硬姿勢をとったことは正しかった」(指名承認

公聴会）。
＊23　「中央公論」二〇二二年七月号。
＊24　折木良一元統合幕僚長提出資料。
＊25　ＩＣＪ勧告的意見九五項。
＊26　国連事務総長報告『核兵器の包括的研究』（連合出版、一九八二年）。
＊27　岸田文雄『核兵器のない世界へ』（日経ＢＰ、二〇二〇年）。
＊28　井上泰浩他『世界は広島をどう理解しているか――原爆七五年の五五か国・地域の報道』（中央公論新社、二〇二一年）。
＊29　オリバー・ストーン＝ピーター・カズニック著／金子浩ほか訳『オリバー・ストーンが語るもう一つのアメリカ史1』（早川書房、二〇一三年）。
＊30　牧野雅彦『不戦条約』（東京大学出版会、二〇二〇年）からの引用。

第3章　核兵器と軍事力の呪縛から免れない人たち

この章では、政府の主張を下支えしたり、人々に政府の主張を刷り込む役割を果たしている議論やあれこれの核兵器依存論を紹介する。

一　ロシアの核兵器使用はあるか!?
——核兵器廃絶を視野に議論しよう

ロシアがウクライナ侵略戦争に際して核兵器を使用するかどうかが問題になっている。例えば、毎日新聞（二〇二二年一〇月二八日付）は「欧米の支援を受けたウクライナの猛烈な反転攻勢で、ロシア軍の苦戦が続く。プーチン大統領は『核使用』という究極の選択をするのか」という問題設定で「ロシアの核使用はあるか」という特集を組んでいる。ここでは、その記事で専門家とされている小泉悠東京大学専任講師の見解を紹介しながら、ロシアの核兵器使用について考えてみたい。

小泉悠氏の見解

氏の意見は「戦況好転せねば正念場」という見出しで整理されている。その概要は次のとおりである。

ロシアによる核使用の危険性が高まっている。ロシアが通常戦力でウクライナに負けた場合には、ロシアだけではなく、我々にとっても正念場となる。核を使うとすれば狙いは三つある。一つは戦場での戦術核兵器使用。戦況の好転を狙うことになる。二つには、停戦を強要するための使用。ゼレンスキーに強烈なメッセージを送るために都市に対する使用。最後は警告射撃、つまり、誰もいない場所で核爆発を起こすことだ。いずれのシナリオでも、不確定要素が多く、望む効果を得るのは困難だ。

プーチンは巨大な戦争に巻き込まれることを避けてきたリーダーだ。希望的観測かもしれないけれど、核は使わないのではないか。「使うかもしれない」と思わせて危機を盛り上げ、交渉の決定打にするかもしれない。一発でも使えば、戦場の中だけにとどまらす、米ロ間の全面核戦争になる可能性はある。ロシアの理想は一発で戦争を終わらせ、米国も手出しをできないことだ。しかし、米国にすればロシアが核を使用して現状変更に成功した事例は作れない。

誰でも、自分が最後に殴って終わりにしたいものだ。プーチンが殴り返されてそこで止めるのは、自分の政治生命と人類の命運を天秤にかけ、人類の方をとる場合だ。そうではなく、更なる報復を選択すれば、もう止まらない、第三次世界大戦だ。プーチンは究極の状況で「自分と世界」という本来釣り合わないものを釣り合わせてしまう場合もあるということだ。だから、独裁は駄目だと思う。

小泉悠説の特徴

小泉氏の議論の特徴は次のように整理できる。第一に、プーチンが核兵器を使う危険性は高まっている。第二に、核兵器が使用されたら、我々にとっても「正念場」になる。第三に、使用されない可能性の方が高いが、究極の場合にはわからない。第四に、使用されたら第三次世界大戦になる。そして、結論は「独裁は駄目だ」である。

氏の意見に対する共感

私は、氏の「核兵器使用の危険性が高まっている」、「核兵器が使用されたら我々にとっても『正念場』だ」という意見に共感する。正念場とは「ここぞという大切な場面」という意味である。氏は、核兵器使用はプーチンとロシアにとってだけではなく「人類」と「世界」にとっての問題と捉えている。私は「正念場」という言葉は、核兵器不拡散条約（ＮＰＴ）の「全人類の惨害」や核兵器禁止条約の「壊滅的人道上の結末」という用語に比べれば、いささか弱いという印象は持っているけれど、大切な感覚と受け止めている。

そして、その使用についての三例のシナリオはいずれもありうるだろうと思っている。「プーチンが、核兵器を使用するリスクが高まるのは、ウクライナの抵抗が勢いを増して、ロシアの敗北が決定的になった時だ。プーチンが核兵器を使用せずに軍事的敗北を受け入れるとは思えない。彼は、敗北を認めるよりも核兵器の限定使用の方がましだと考えるであろう」などという指摘はすでに米国で行われていたことであるし、そんなに難しい推理ではないからである。

そして、現実に使用されるかどうかは、私も使用されないことを希望するけれど、何とも言えない論点である。プーチンの腹一つだからである。氏も、着地点は様々なケースが予想されるけれど「最後はプーチンの判断にかかっている」としているところである。氏の「プーチンは、自分の政治生命と人類の命運を天秤にかけている」との指摘は重要である。「核兵器こんな男が持つボタン」という川柳を思い出す。

そして、プーチンが核のボタンを押せば、どうなるかは容易に想像できるところである。氏も、二〇一八年の米国の核態勢見直し（ＮＰＲ）を引いて、ロシアの核兵器使用に対する米国の反撃方法を紹介している。今般のＮＰＲでも、当然、ロシアに対する対抗策は示されている。ＮＡＴＯの核戦力は強化されることになった。

だから、私は氏が第三次世界大戦の危険性に触れていることに共感する。バイデンは「第三次世界大戦は避けたい」としているけれど、「ウクライナで核兵器が使われた場合に取り得る措置を今すぐ宣言すべきだ。核の悲劇を回避するため、強力な抑止力を回復させなければならない」などという意見を抑えきれるかどうかは不明である。どこの国にも愚かで野蛮で強硬な人間は存在するからである。氏も、核抑止の破綻が「相互確証破壊」をもたらすことは承知しているであろう。

氏の意見に対する異議

私が、氏の「正念場」を避けたいという意見に共感していることは以上のとおりである。そもそも、核戦争を望む人などはいない。「核戦争は全人類に惨害をもたらす」ことは核兵器不拡散条約（ＮＰＴ）でも確認されている国際社会の「公理」である。二〇二二年一月、プーチンもバイデンも含めて核五大国の首脳が「核戦争に勝者はいない。核戦争を戦ってはならない」としていたことも記憶に新しいところである。だから、問題はどうしたら「正念場」を避けられるかということになる。

私は、氏のいう「正念場」を「壊滅的人道上の結末」と同義語と受け止めている。核兵器使用は「人類と世界に壊滅的な結末」をもたらすという認識とそれは避けたいという価値観において、氏と私との間に意見の違いはないとも思っている。

ところで、「壊滅的な人道上の結末」を避けるための唯一の根本的な方策は核兵器廃絶であることは論理的な必然である。その論理は、ＮＰＴ再検討会議で合意されているだけではなく、核兵器禁止条約として結実している。論理の世界だけではなく、国際政治と国際法においても現実化されていることなのである。もちろん、核兵器保有国がその気にならない限り核兵器はなくならないけれど、「正念場」を避けようとするならば、核兵器をなくすことは必要不可欠なのである。

けれども、氏の意見の中には、核兵器廃絶どころか使用禁止についての論及すらない。プーチンが核兵器を使用する可能性を想定しながら、また、核兵器使用は人類の命運にかかわるとしながら、使用禁止も廃絶も語っていないのである。核兵器使用の危険性を語りながら、その危険から免れる方法を語らないことは「画竜点睛を欠く」ことになる。

私と氏の間では、核兵器使用の危険性についての情勢認識や結末についての認識とそれを避けるべきだという価値観は共通しているようである。けれども、核兵器廃絶というテーマでは乖離が存在しているのである。

私の結論

その乖離は、氏の結論である「だから独裁はだめだ」ということでさらに拡大することになる。今、問われているのは、独裁か民主主義かではない。核兵器使用をどう阻止するかである。政治体制の違いに着目することではなく、核兵器使用禁止の国際世論を最大化することである。

そもそも、核兵器を使用した唯一の国は「民主主義国」を自任する米国である。その米国は、現在も、核兵器の保有や使用を違法とはしていない。むしろ、核兵器禁止条約などは敵視している。プーチンが使おうがバイデンが使おうが、核兵器使用は世界と人類に「正念場」をもたらすのである。核兵器問題は政治経済体制の問題ではなく、全人類の存在にかかわるテーマなのである。氏の結論は、米国の核兵器を免罪するだけではなく、核兵器の危険性そのものを矮小化している。私は氏の結論に同意しない。私の結論は「だから、核兵器はだめだ」、「一刻も早く核兵器を廃絶しなければならない」である。

自分を含む人類と世界の命運を、侵略者であり戦争犯罪人のプーチンや「居眠りジョー」（トランプのバイデンの呼び方）や「ちびのロケットマン」（トランプは金正恩を一時こう呼んだ。逆は「狂った老いぼれ」）に振り回されないようにするために、私たちは、核兵器廃絶を視野に入れながら、語り行動しなければならない。「地球の生き残り」のために。

二　「破滅への道を避ける知性」が求められている
――『毎日新聞』社説の知性と「反知性」

二〇二三年二月二五日、『毎日新聞』が「ウクライナ侵攻一年・核使用の懸念・『破滅の道避ける知性こそ』」という社説を掲げている。この小論はその社説に対する異論である。

今、ウクライナでは

ロシアのウクライナへの侵略戦争が始まってから一年以上が経過した。ロシアによる市民やダムや原発を含む民間施設への攻撃は継続している。核兵器使用の威嚇も強化されている。ベラルーシへの核配備も進められている。

プーチンはウクライナをロシアの支配下に置く野望を捨てていないし、ゼレンスキーはクリミヤを取り戻したいとしている。双方とも戦闘を続ける意思が強固である。

NATOはウクライナに戦車を含む武器弾薬を提供している。中国は「各当事者は理性を維持し火に油をそそぐことをせず」、「早期の直接対話を呼びかける」という停戦案を提起したが、米国は「ロシアだけが有益」、「騙されるな」としている。米国にロシアとウクライナを仲裁する意思はない。

プーチンは、一〇個以上の核弾頭搭載可能な大陸間弾道弾「サルマト」の実戦配備、空中発射型極超音速ミサイル「キンジャル」の生産継続、フリゲート艦搭載の極超音速巡航ミサイル「ツィルコン」の供給の本格化を進めるとしている。新ＳＴＡＲＴの「履行停止」も宣言している。使用されれば「全人類に惨害をもたらす」（ＮＰＴ前文）戦略核兵器も「使用可能な戦術核兵器」も増強しようというのである。もちろん、米国が黙ってみていることはありえない。最新の核態勢見直し（ＮＰＲ）は、「我々は直面する脅威に対応する核態勢を維持する」と結ばれている。

国連総会緊急特別会合は、ロシア軍の即時・無条件撤退を決議しているけれど、この戦争が終結する気配はない。当事国と米国に戦闘を終わらせる意思がないからである。同時に、核兵器使用の威嚇が進んでいる。ウクライナ市民の恐怖と欠乏は継続し、全人類の破滅が懸念される事態が進行しているのである。

こういう中で、私たちは何を考え、何をすればいいのだろうか。

「破滅への道」

まず押さえておかなければならないことは、このまま事態を放置することは「破滅への道」だということである。

グテーレス国連事務総長は、二〇二二年のNPT再検討会議で「人類は、広島と長崎の惨禍によって刻み込まれた教訓を忘れ去る危機に瀕しています。地政学的緊張が、新たな段階に達しつつあります」とスピーチしていた。また、採択されなかったとはいえ再検討会議の合意文書でも「核兵器使用の威嚇が冷戦時代よりも高まっている」ことに深い関心が寄せられていた。国際社会は、世界は極めて危険な状況にあるという認識を共有しているのである。

二〇二三年になって「終末時計」は残り九〇秒とされた。人類社会の終末まで九〇秒という警告である。この「終末時計」の設定は、ノーベル賞受賞者一三人を含む委員たちによって行われてきたが、今年は、前国連事務総長の潘基文氏もかかわっている。彼らは、「超大国間の危険な対抗や敵意が、核をめぐる大失態を犯す可能性を高めている。目を覚ますべき時があるのだとすれば、それは今だ」、「過去の経験から我々は学んできた。最も暗い冷戦時代でさえも、我々は団結できるのだと。我々は再びそうすべき時にある」などとしている。知性に裏付けられた彼らの警告を無視してはならない。

私たちは、今、国際社会は、核兵器使用という「破滅への道」を歩んでいることを自覚することから始めなければならないのである。

「破滅への道」を避ける方法

核兵器が使用される核戦争が「全人類に惨害をもたらす」ことは核兵器不拡散条約（NPT）で確認されている。米国の最新の核態勢見直し（NPR）も、核戦争は米国と世界に「破滅的結果」

をもたらすので、その危険は減らしたいとしている。誰もが核戦争は避けたいと思っているのである。

核戦争を避ける抜本的方法は、核兵器をなくすことである。そのことは、論理的にそうであるだけではなく、二〇一〇年のNPT再検討会議では「核兵器の完全廃棄が核兵器の使用あるいは使用の威嚇を防止する唯一の保証」と再確認されている。二〇二一年に発効した核兵器禁止条約（TPNW）は「いかなる場合にも核兵器が再び使用されないことを保証する唯一の方法として、核兵器を完全に廃絶することが必要」としている。

核戦争を避けるためには核兵器をなくせばいいという認識は、政治的意思として形成されているだけではなく、条約国際法となっているのである。「破滅への道」を避けるルートはすでに存在しているのである。日米両国も加盟しているNPT六条は、核軍拡競争の停止、核軍縮交渉の推進、全面軍縮を予定している。そして、TPNWは核兵器を全面的に禁止し、その廃絶を予定している。しかも、第一回締約国会議は開催され、現実的対応も開始されているのである。そのTPNWはNPT六条を補完する役割も果たしている。私たちは、そのルートを歩み続ければいいのである。

政府の選択

けれども、日米両国政府はその道を積極的に進もうとはしていない。TPNWを敵視しているのである。TPNWは核兵器の必要性を否定しているので、国民の命と財産を危険に晒すことになるという理由である。核兵器によって自国の独立と安全を確保しようとしているのに、その核兵器を否定する条約は、国家の安全保障をないがしろにし、ひいては国民の命と財産を危うくするという論理である。この論理によれば、核戦争は避けなければならないが、自国の安全のためには核兵器が必要なので、それが確保されるまでは、核兵器に依存し続けるということになる。結局、今はなくさないということである。そして、そんな日が何時来るのかは誰にもわからないから、「核なき世界」の実現は「見果てぬ夢」ということになる。それが広島出身をウリにする岸田文雄のスタンスである。「核なき世界」など来なくていいなどと言うことは「人でなし」、「野蛮人」と思われるので「核なき世界」の実現を言い続けることになる。G7を広島で開催するこだわりの背景事情もそこにある。そして、TPNWは敵視するけれど、NPTにはコミットするという態度表明ともなるのである。

外務省の諸君と話をしていると「私たちも『核なき世界』を求めている。皆さん方とはアプローチの方法が違うだけだ」と言われることがある。けれども、私は、彼我の違いはアプローチの方法だけではなく、今すぐ行動する意思のあるなしだと思っている。その違いは核兵器の必要性や有用性を認めるかどうか、即ち「核抑止論」に囚われるかどうかに起因していることはもちろんである。

私たちは、その違いも含めて、政府との対話を進め、政府の態度を変えなければならないのである。そうしなければ、いつまでも、核兵器使用による破滅の危険性から解放されないからである。私たちには「唯一の戦争被爆国」が「唯一の核兵器使用国」の核兵器に依存するという悲喜劇に幕引きをしなければならない任務が課されているのである。

『毎日新聞』の社説の「反知性」

ここで『毎日』の社説に話を戻そう。この社説は「破滅の道避ける知性こそ」と見出しを付け、結論は「核の威嚇と核の使用を封印する新たなメカニズムが必要だ」である。その内容は「核戦争に怯える時代の光景が、その恐怖が今、ウクライナによみがえる」、「プーチン氏が核のボタンに手をかけるかは分からない」、「世界は新たな核軍拡競争に突入している」、「北朝鮮は戦術核の開発に注力している」などと「破滅への道」がセンセーショナルかつランダムに語られているけれど、NPTにもTPNWにも一言も触れられていない。「破滅の道」を指摘しながらその「破滅を避ける知性」が何も形成されていない論説なのである。国際社会や被爆者を含む市民社会が「核なき世界」を求めてどのような営みをしてきたのか、その到達点はどこにあるのかなどについて、この社説は何も知らないいか、敢えて無視しているのである。『毎日』の論説委員には独自核武装論者もいるので、『毎日』の核問題についての認識はその程度なのかという思いもあるけれど、あまりにもお粗末な「知性」といえよう。核兵器使用の懸念を語りながら、TPNWはもとよりNPTの存在すら無視してしまう『毎日』の「反知性」を記憶しておきたいと思う。これがこの国の現実の一断面だということを忘れないようにするためである。

まとめ

グテーレス国連事務総長のNPT再検討会議でのスピーチの結びはこうである。

「未来の世代は、奈落の淵から一歩退くことへの皆様のコミットメントに期待しています。私たちは、世界を、私たちが出会ったものよりも、より良い、より安全な場所として残す義務を共有しています。この会議は、私たちがこの基本的な試練を乗り越え、核による壊滅の暗雲を今回限りで消し去る時です。」

私は、二〇二二年の再検討会議がこのスピーチに応えたとは受け止めていない。この会議は「核なき世界」に向けて具体的な一歩を踏み出していないからである。けれども、私たちも市民社会の構成員として、この呼びかけに応えなければならない立場にあることを忘れてはならない。「核なき世界」の実現は自分事だからである。

私たちは、日米両国政府の姿勢を厳しく評価することと合わせて、『毎日』社説のような、政府の行動よりも危険で「反知性」ともいえる勢力がうごめいていることにも留意しておかなければならない。何とも残念だし悲しいことではあるけれど、それが、私たちが生きている社会の現実であるとすれば避けて通れない課題だからである。

ロシアのウクライナ侵略から一年以上が経過した今、「核なき世界」の道はまだ遠いけれど、その道はすでに存在していることと、その道を行くことを阻む勢力の正体は見えていることを確認した上で、新たな一歩を進めたいと思う。ロシア軍の即時・無条件撤退を願いつつ、そんなことを考えている日々である。

三　北朝鮮の核兵器先制使用政策
――朝鮮戦争の休戦から終結へ

『毎日新聞』二〇二三年三月一八日付朝刊が、「北朝鮮　核先制に言及、党紙『何時でも使用できる』」という見出しで概略次のような記事を掲載している。

北朝鮮の核兵器先制使用政策

三月一七日、北朝鮮の朝鮮労働党の機関誌「労働新聞」は、「爆発前夜に至った朝鮮半島情勢の根源を論ずる」と題する論評で、「我々の核兵力は決して広告のために存在するのではない。いつでも使用でき、危険なほど広がる衝突が起きれば、任意の時期に使用できる」と述べ、核兵器の先制使用の可能性に言及した。一六日に行った大陸間弾道ミサイルの発射が明白な示唆だとしている。合同演習などで北朝鮮に対する抑止力強化を図る米韓両国に対抗するため、核の先制使用を持ち出した形だ。昨年四月の軍事パレードでの演説で金正恩党総書記が「我が国の根本的利益を侵奪するなら、我々の核兵器は第二の使命を決行せざるを得ない」と述べて核の先制使用の可能性を示唆していたが、今回の論評では先制使用を明言した。論評は昨年九月に採択された核兵器の使用条件などを定めた法令に、「外部の軍事的脅威と攻撃に対応するための様々な状況」を想定した核兵器の使用原則と条件が想定されるとして「自主権と安全を侵害しようとするなら、核兵力は重大な使命に臨む」と米韓両国を強くけん制。二三日まで実施される予定の合同軍事演習を中止するよう要求した。

北朝鮮はどこに核攻撃を仕掛けるのか

北朝鮮は、二〇二二年九月八日に開いた最高人民会議で、核兵器の使用条件などを定めた一一項目からなる「核兵器政策」に関する法令を採択し、その中では「相手からの攻撃や攻撃が差し迫ったと判断される場合」に核兵器を使用するとして、核兵器の先制不使用を排除していなかった。念のため付け加えておくと、この先制使用政策は、米国の「核態勢見直し」(二〇二二年)やロシアの「核抑止分野におけるロシア連邦国家政策の基礎」(二〇二〇年)も核兵器先制使用を想定しているので、北朝鮮独自のものではない。

この記事は、北朝鮮は核兵器の先制使用政策を表明したというのである。その評価が適切かどうかはともかくとして、この政策により、私たちにとって、事態が危険な方向に動いたことは間違いないであろう。なぜなら、北朝鮮は、朝鮮半島は「爆発前夜」だとの危機意識を表明しているからである。

日本はターゲットになる

ところで、北朝鮮の核兵器使用対象国は、米国、韓国、日本が想定されるが、一番使用しやすい相手国は日本であろう。韓国は「同胞」が住む地域であるし、米国に使用すれば壊滅的な逆襲を受けることになるけれど、日本に対して使用しても米国は核で反撃しないかもしれないからである。米国の「核態勢見直し」は、核兵器の役割として同盟国の保護なども挙げているけれど、米国が核攻撃の対象とされることを選択しないことは容易に想定できることである。東京のためにワシントンやニューヨークを危険に晒すことはしないということである。そもそも、米国にとって、北朝鮮、韓国、日本などの命運など付随的なものでしかないであろう。

日本政府は、米国が「先制不使用政策」を採用しようとした時、北朝鮮からの非核兵器攻撃に対抗するために米国の核による反撃の選択肢を残して欲しいとの理由で、その政策に反対した経緯があるけれど、非核兵器ではなく核兵器による先制攻撃もありうるのである。米国と北朝鮮の敵対関係が続く限り、そして、日本が米国と共同歩調をとる限り、その危険が解消されることはない。朝鮮戦争が再燃すれば、米軍基地のある日本に対する攻撃は避けられない。加えて、日本海側には原発が林立しているのである。北朝鮮との軍事衝突は絶対避けなければならないのである。その危険を避けるための抜本的な方法は朝鮮戦争の終結と平和条約の締結である。そのための外交努力は全く行われていない。何とも情けない危険な状況である。

抑止力強化は何をもたらすか

記事は「北朝鮮に対する抑止力強化を図る米韓両国」などとしているけれど、北朝鮮からすれば「米韓両国に対する抑止力の強化」としての核兵器保有ということであろう。要するに、双方で、抑止力強化という軍事的対抗が進行しているのである。そして、この抑止力強化合戦は、北朝鮮の核兵器開発と先制使用政策という結果を招いているのである。

核兵器は「最終兵器」であるがゆえに、安全保障を軍事力に依存する限り、核兵器の出番となることは当然の成り行きである。こうして、私たちは「核のボタン」を持つバイデン大統領や金正恩総書記によって、その日常生活をある日突然奪われる運命の下に置かれ続けることになるのである。

この記事が触れていないこと

この記事は、私たちがそういう事態に置かれていることには全く触れないで、北朝鮮の核政策だけを問題にしている。そもそも、米国もまた日本も、核兵器は自国の安全を確保するために不可欠の道具としている。核兵器は敵国からの攻撃を阻止するための抑止力だというのである。だから、核抑止力を否定する核兵器禁止条約を、自国と自国民を危険に晒すものとして敵視している。

北朝鮮も、それと同様に、「我が国の根本的利益」を保全するために核兵器に依存しているのである。そのために、核兵器不拡散条約（ＮＰＴ）から脱退したのである。その北朝鮮に対して、核兵器開発は止めろ、核兵器を廃棄しろと迫ることは、一方的に武装解除を求めることと同義であるから、決して実現することのない要求であろう。それは外交交渉などではない。単なる無理難題の吹きかけであろう。

北朝鮮の核兵器だけが人類にとって脅威なのではない。核戦争が全人類に惨害をもたらすことはＮＰＴで確認されていることである。核兵器禁止条約は、いかなる核兵器の使用も「壊滅的人道上の結末」をもたらすとしている。核抑止力に依存することは、全人類にとっての惨害をもたらす危険性があることを忘れてはならない。核兵器禁止とその廃絶を言わないで、北朝鮮の核だけを問題とする態度は中途半端この上ない無責任な言説である。

北朝鮮との関係改善のために何が求められているか

北朝鮮との関係での安全保障環境が改善されるためには、北朝鮮が核開発を止め、ミサイル発射実験を止めることが前提であるかのように言われている。けれども、その主張は、なぜ、北朝鮮がそのような「挑発行為」、「危険な行為」に出ているのかその原因を無視した議論でしかない。北朝鮮からすれば、核やミサイルは自国の独立と安全のための抑止力なのである。北朝鮮に核・ミサイルを先に捨てろというのは、北朝鮮が米国や韓国に核兵器やミサイルを先に捨てろというのと同様にナンセンスでしかないのである。結局、安全保障環境を改善するためには、朝鮮戦争という軍事対立の解消が不可欠なのである。

その点、この記事の書き方は、米韓両国の合同演習を擁護し、北朝鮮の危険性を煽る形となっており片面的である。そこには、軍事衝突を避けようとする姿勢は見受けられない。朝鮮戦争の終結などは全く念頭にないようである。北朝鮮の軍事行動は「挑発」で米韓のそれは「抑止力強化」という描き方は、朝鮮戦争の再燃を避けようというよりも、北朝鮮敵視の風潮を醸成することになるであろう。それは、むしろ、我が国を取り巻く安全保障環境を悪化させるだけである。

『毎日新聞』の対北朝鮮敵視は従前から承知しているけれど、その能天気な敵視政策が北朝鮮の核兵器使用への道を舗装するかもしれないと危惧している。核兵器をなくすことが先か、人類社会の滅亡が先か、朝鮮半島情勢も深くかかわっているのである。

四 「広島ビジョン」は平和をもたらすのか
――「広島サミット」は核兵器保有国間の対立を深めている

井上寿一教授の「広島ビジョン」礼賛

井上寿一学習院大学教授が、二〇二三年六月一七日付『毎日新聞』の「近代史の扉」欄で、「一〇〇年前の国際会議と類似」と題して「広島サミットの成果」を論評している。先月開催されたG7は、さかのぼると一九二一年のワシントン会議にたどり着く。その会議と比較して広島サミットの意義を論ずるというのである。その結論は、ワシントン会議で共有された協調の精神は、二〇年代の平和をもたらした。ウクライナ戦争が続く中、広島サミットの協調の精神が試されている、というものである。

その論理のキーワードは「核軍縮に関するG7首脳広島ビジョン」(広島ビジョン)である。ワシントン会議は、第一次世界大戦後の国際的な緊張緩和化の中で海軍軍縮と軍事費の削減をもたらした。「広島ビジョン」はウクライナ戦争など国際緊張が続く中で、核軍縮・核不拡散の意思を表明した。その歴史的意義は大きいというのである。

要するに、広島サミットは「広島ビジョン」を発出しているので、一〇〇年前のワシントン会議と同様の「歴史的意義」を持っている。ワシントン会議は「協調の精神」で平和をもたらした。広島サミットも「平和をもたらす」かもしれないというのである。「広島ビジョン」礼賛である。

私の違和感

私は、この論稿を読んで根本的違和感を覚えている。その理由は、「広島ビジョン」は、核兵器の不使用の継続、核戦争に勝者はないこと、核不拡散・核軍縮、透明性の向上などには触れてはいるけれど、核兵器に依存し続けることを宣言し、核廃絶には触れていないので、「核兵器のない世界」を遠ざけてしまう極めて危険なものだと評価しているからである。この文書には「核兵器依存宣言」以上の意味はないという評価である。

さらに、中国やロシアにはNPT六条の義務を指摘しているけれど、自分たちは何もしようとしていない。北朝鮮には核兵器を捨てろと言っているけれど、自分たちがそうするとはしていない。イランには核開発するなと言っているけれど、インド、パキスタン、イスラエルにNPT加入など呼びかけていない。インドは会議に招待しているほどである。そこには、自分たちの価値観と違う国との協調を求める姿勢はない。世界を自分たちの都合に合わせようとする身勝手この上ない「協調精神」があるだけである。典型的ダブル・スタンダードである。しかも、核兵器保有国間の対立が煽られているのである。

にもかかわらず、井上氏によると「広島ビジョン」は「歴史的意味」があることになってしまうのである。なぜ、そのような結論になるのか、彼の論理を検証してみよう。

「声明の欺瞞をあげつらうな」

井上氏は、「広島ビジョン」はロシアの「核の恫喝」を非難する意図があるかもしれないけれど、声明の欺瞞をあげつらうよりも重要なことがあるとしている。氏は「声明の欺瞞」を認めた上で、もっと大事なことがあると言っているのである。

氏は次のように言う（要旨）。

八月六日の広島平和記念式典に首相が初めて参加するのは一九七一年だ。それまで参加しなかったのは、米国の核保有を批判することにつながりかねなかったからだ。原水禁運動は分裂していた。ソ連や中国の核実験に対する評価をめぐる対立だった。原爆投下の正当性をめぐっての日米間の論争もあった。このような「唯一の被爆国」の戦後史の曲折は、私にとって同時代史だった。子供心に不思議なこともあった。大学で学ぶと、核兵器はパンドラの箱から飛び出したようなもので、削減や不拡散は可能でも、廃絶は不可能と理解するに至った。戦後史の延長線上において、G７の首脳が、資料館を訪れ、被爆者の証言に耳を傾けることを想像するのは困難だった。けれども、「広島ビジョン」は、ウクライナ戦争などの国際緊張の中で、核軍縮・不拡散の意思を表明している。これは、ワシントン海軍軍備制限条約が、海軍軍縮にとどまらず、軍事費の削減をもたらしたことと類似するような歴史的な意義を有している。

氏の言説へのコメント

氏は、核兵器はパンドラの箱から飛び出したようなもので、削減や不拡散は可能でも廃絶は不可能だとしているのである。核兵器は、米国はもとより連合国や枢軸国から亡命した科学者たちの研究と技術の成果であって純然たる人工物である。であるがゆえに、その廃絶は、物理的には決して不可能ではない。政治的意思でそれを作り使用したのと同様に、廃絶の意思を持てば廃絶は実行できるのである。氏が不可能と理解するのは、そのことを知らないか認めたくないからである。

現に、ピーク時の一九八六年には七万発あった核弾頭は、現在、一万二千五百発台になっている。残っている核弾頭よりも廃棄された方が多いのである。廃絶が不可能というのはデマゴギーである。そもそも、「広島ビジョン」も核兵器のない世界は実現するとしているのである。ただ、今はやらないとしているだけである。

また、「広島ビジョン」が軍縮や軍事費の削減に役立っていないことは、この間の日本政府の行動と国会の状況を見れば明白である。政府は、我が国を取り巻く安全保障環境は厳しいとして、自衛隊の強化だけではなく、国を挙げての防衛力の強化を主張し、そのための法案と予算とを提案し、自民党・公明党の与党とそれに同調する野党はそれらを成立させている。安全保障環境を厳しくしている中国、ロシア、北朝鮮に対抗するための「抑止力」と「対処力」を強化するというのである。この国では「先軍思想」がはびこり、「国家総動員体制」が進行しているのである。氏は、それらの現実を無視したまま立論しているのである。

結局、井上氏は、核兵器廃絶を不可能とし、政治情勢を無視しながら「広島ビジョン」を美化しているのである。そもそも、「広島ビジョン」は軍縮のためのものではなく、「抑止力」としての核兵器を維持するための宣言なのである。岸田首相は、広島出身を言うけれど、「核の傘」は中国・ロシア、北朝鮮の核に対抗する「護身術」だとしているし、米国との拡大核抑止体制の強化を主張している人である。その人が主導した「広島ビジョン」が核軍縮に役立つかもしれないなどという言説は陰謀論かフェイクでしかない。

まとめ

氏は、一〇〇年前のワシントン会議と関連条約を引き合いにして、「広島サミット」の成果を論証しようとしたけれど、それは無意味な試みである。その論拠がきわめて脆弱だったからである。

さらに、私は、「ワシントン条約は一九二〇年代の平和」をもたらしたという物言いにも異議を述べておく。この条約の成立は一九二一年、発効は二三年である。満洲事変の勃発は三一年である。日本は、三二年にはこの条約から脱退し、三三年には国際連盟を脱退している。このような経過に照らした時、「二〇年代の平和」という用語を使用しなければならない理由がわからないからである。

大日本帝国は、この間、植民地支配を継続するだけではなく、着々と侵略の準備をしていたことは史実である。にもかかわらず、氏は、「平和な時代」というのである。であるがゆえに、「広島ビジョン」が「平和」をもたらすかもしれないなどという言説を流布できるのであろう。

私は、このような言説を看過したくないし、それを掲載する『毎日新聞』の姿勢にも幻滅している。両者とも「死神の手先」のように見えてしまうからである。この国は私が自覚しているよりも危険な状況にあるのかもしれない。

五　現代の核抑止論二題
――たまご論とかかし論

核抑止論の没論理性と危険性

抑止論者は、抑止論は敵に攻撃させないための「理論」だという。敵の攻撃がなければ戦争にならないので、抑止論は戦争を避けるための「理論」であり、抑止力は戦争の手段ではなく戦争を避けるための手段だというのである。

そして、抑止とは、敵に攻撃を思いとどまらせるための「拒否的抑止」と、その抑止が効かなくて攻撃された場合に、その攻撃を上回る反撃をするための「懲罰的抑止」という二段構えで構成されているという。ただし、二段目の抑止も機能しなかった場合には、武力衝突が起きることになる。それが「ミサイルを撃たれたら撃ち返せ」ということである。

結局のところ、抑止論は戦争を避けるためと言いながら、軍事力で戦争に備えるという「理論」であり、戦争が組み込まれているのである。戦争を本気で避けるためには、日本国憲法がそうしているように一切の戦力をなくすのが道理である。けれども抑止論はそうではない。戦争に備えるための戦力の保持とその使用は当然のこととされているのである。戦争をしないための戦力ということがまことしやかに主張されているのである。

抑止論は、日本国憲法と相容れないだけではなく、そもそも、矛盾と欺瞞に満ちた没論理的な「理論」であることを確認しておきたい。

付け加えておくと、「核の時代」において、抑止は核兵器に依存しているので、抑止が破綻した場合には核兵器が使用されて、「全人類に惨害」（NPT前文）がもたらされることになる。そのことは、核武装国の政治リーダーたちも「核戦争に勝者はない」として認めていることである。核抑止論はこの上ない危険性を内包している「理論」なのである。

核抑止論は際限のない軍拡競争をもたらす

さらに問題は、どの程度の抑止力（防衛力）を持つかということである。抑止は二段構えなので、その二段の抑止に必要な防衛力（軍事力）が不可欠となる。その軍事力は、敵国の攻撃に耐えられるだけではなく、懲罰を加える能力も求められることになる。敵の第一撃に備えるだけではなく、耐えることも求められ、しかも、反撃力を残さなければならないのである。その能力は、突き詰めていくと、敵基地攻撃能力どころではなく、敵の中枢をたたく能力ということになる。相手の司令部を破壊し、最高司令官（中国は習近平、北朝鮮は金正恩、ロシアはプーチン）を殺害する能力ということになる。こうして、際限のない軍拡競争が続くことになる。「斬首作戦」のターゲットとされている金正恩が核とミサイルにこだわっているのがその実例である。彼は抑止力と反撃力を強化しているだけなのである。

核抑止論は一触即発状態を継続する

また、敵国双方は疑心暗鬼になっているので、一触即発の状態が続くことになる。どちらが先に手を出しても不思議ではなくなる。どちらも先制攻撃を受けたくないけれど、先制攻撃をするわけにもいかない。なぜなら、現在の国際法は先制攻撃を違法としているので、無法者との汚名は着たくないからである。こうして、極度の緊張の中での睨み合いが続くことになる。

そして、間違いを犯さない人間はいないし、故障しない機械はないので、意図的ではない武力の行使も起こりうる。一歩間違えば、偶発的な大戦争が起きるかもしれないのである。戦争も戦力も交戦権も放棄している日本が「熱い戦争」の火付け役になるなどということは想像もしたくない。今、この国はその道をひた走っているのである。「防衛三文書」はそのガイドブックである。

にもかかわらず、抑止論を言い立てる輩が跡を絶たない。ここでは、二例紹介しておく。

「籠の中の卵」という考え方

元外務官僚で国家安全保障局次長だった元公僕がこんな話をしている。

軍事関係を巡っては「相互に恐怖感（緊張感）を上げれば、上げるほど事態が安定する」というパラドックスがある。特に核の世界ではそうだ。暴発したらお互いに危ないという恐怖感が高まれば、最低限の透明性確保と検証制度の信頼醸成に入っていく。一方的に自らの手を縛り、軍事力を下げたら、戦略環境はかえって不安定になる。籠の中に卵をいっぱい積み上げて、みんなが「潰れるんじゃないか」という感覚になると、誰もが触ろうとしなくなる。一個しか入っていないとみんな揺さぶりたくなる。

私は、そんなパラドックスは知らないけれど、核兵器の能力が高まれば、事態は安定するどころか、危険性が高まることは自明である。核兵器に関する透明性や検証制度が高まったからといって、核兵器がなくなるわけではないから、核兵器使用の危険性が減少することはありえない。軍事力が弱まれば危険性も低くなる。だから軍縮が必要なのである。こんなことは三歳児にでもわかる理屈である。

そもそも、籠に卵をいっぱいに積み上げることなど誰もしないだろう。「バカ丸出し」と思われるからである。また、たとえ一つであっても、卵が入っている籠を揺さぶるような乱暴者はいないだろう。割れる危険性は誰にでもわかるからである。

この彼の例え話は、彼の発想の愚劣さと核抑止論の危険性の論証にはなるけれど、核抑止の必要性の証明にはなっていない。私は、こういう言説があたかも最善であり聡明であるかのように流布されていることに寒気を覚えている。

「案山子（かかし）抑止論」という考え方

私の論争相手の弁護士がこんな考え方を披歴している。

僕は、かかし（scare-crow）抑止論と呼んでいるのですが、それが案山子だと見切られた途端、カラスは案山子を懼れずに飛来して田畑を荒らします。それとおんなじで、きちんと詰めた議論をし、その想定に対応できる実行可能な防衛力をもっていないと、習近平が飼っているカラスどもによる侵略を呼び込んでしまいます。カラス＝人民解放軍による冒険的な侵略戦争を回避するには、撃たれたら撃ち返すという原則をきちんと詰めておくことが必要となるのです。

この議論の特徴は、中国はカラスのような害鳥だと決めつけていることと、単に脅すだけではなく人民解放軍に対抗できる防衛力を持とうとしていることである。しかも、その用語法は偏見と悪意に満ちている。彼は、先に紹介した元公僕の発想よりも過激な抑止論者のようである。

私は、人民解放軍をカラスと評価することにも、習近平が「冒険的な侵略戦争」を企んでいるという前提にも同意しない。人民解放軍は大日本帝国にも国民党にも勝利した軍隊であることを忘れてはならない。カラス並みの害鳥と決めつけて、脅してダメなら殺してしまえというのは、いかにも独りよがりの危険な発想でしかない。

また、習近平は「台湾の独立阻止のために軍事力使用を排除しない」としているけれど、「冒険的な侵略戦争」を企んでいるという決めつけは不適切である。事態を正確に把握していない議論はデマである。彼は、「先の元公僕と自分は同質だ」としているけれど「本当にそうだな」と納得している。

まとめ

抑止論については様々な議論が行われている。私も、抑止論の一般的効用を否定するつもりはない。「平和を望むなら戦争に備えよ」というローマ時代からの格言の有意性を完全に否定することはできないからである。けれども「核の時代」において、核兵器の「最終兵器」という特性を考慮に入れれば、核抑止論は「最も危険な集団的誤謬」（一九八〇年「国連事務総長報告」）だと考えている。

そして、核抑止論の破綻の可能性は誰も否定できない。破綻した場合には、国家の安全保障のための手段が人民を破滅させるという「究極の逆説」と「人類社会の破滅」が現出することになる。そんなことは、少しだけ想像力を働かせれば、誰にでも理解できることである。

だから、私は核抑止論を主張する連中を「死神のパシリ」と見做している。そんなパシリたちの妄言に誑《たぶら》かされてはならない。（文中敬称略）

●コラム　核兵器について本音で話そう

『核兵器について本音で話そう』という本がある（新潮新書、二〇二二年）。空想的核論議に終止符を。数千発に狙われた日本の現実を直視せよ！がキャッチフレーズである。要するに、核廃絶などとは言わないで、核抑止論を理解しろという本である。共同通信の太田昌克さんも参加しているけれど、外務官僚で国家安全保障局次長だった兼原伸克氏、防衛官僚で軍縮会議日本代表部の大使だった高見澤將林氏、元自衛隊幹部の番匠幸一郎氏たちの座談会の記録である。中国共産党は何をするのかわからないとか、北朝鮮やロシアの危険性を言い立てて、軍事力を強化しなければならないという議論である。今の日本は、元寇や幕末、冷戦直前と同様に危険だとしている。そして、特に強調されていることは核兵器の役割をきちんと理解しようということである。

兼原氏は、オバマ大統領が核の先制使用をやめようと言いだした時「ふざけるな」と思った人である。そして、将来の米軍は「鬼舞辻無惨」のようになると学生に教えているそうである。高見澤氏は、核軍縮の話だけではなく、原子力は医療、農業などの場面でも平和的に使われていることを教育すべきだとしている。そして、アメリカの国防高等研究計画局で一番研究しているのは日本のアニメや漫画だという。

彼らは、核兵器の廃絶ではなく、核兵器の必要性を国民に理解させろというのである。軍事力の強化だけが、日本の安全を確保するというのである。軍事力を強化すれば侵略されることはないというのである。彼らの頭の中には、非軍事平和の憲法も核兵器の使用が人類に何をもたらすかについての認識もない。相手も戦力を強化することも忘れているし、抑止が破れた時には「皆くたばる」ことを容認しているかのようである。こういう人たちが政府の中に巣くっていたことを忘れてはならない。

兼原氏は、「籠の中に卵をいっぱい積み上げて、みんなが『潰れるんじゃないか』という感覚になると誰も下手に触ろうとしなくなります。一個しか入っていなかったら、みんな揺さぶりたくなるんです。これが核抑止の感覚なので、頭に入れたほうがいい」と言っている人である。

さらに彼はこんなことも言っている。

「外交で和平を唱えたら、軍事では何もしてはいけないということではありません。片手で握手、もう一方の手にナイフというのが普通の国の外交です」。

こういう人が、外務省で仕事をし、国家安全保障局の次長だったのである。高い給料をもらいながら偉そうにしていたのだろうと思うけれど、核兵器の恐ろしさも、憲法の縛りも全く知らないようである。一九五九年生まれだから戦後教育を受けているはずなのだけれど、こういうことを平然と言うのである。

おまけに、太田さんを除いて、防衛官僚の高見澤氏も陸上自衛隊出身の番匠氏も、同じような情勢認識と対処法を述べている。外務省も防衛省も、もちろん自衛隊もこういう状況なのであろう。とにかく敵作りと軍事力の強化なのである。何とかしなければという思いが沸々と湧いてくる。

六　日本は核武装すべきではない

――エマニュエル・トッド氏のお勧めを拒否する

フランスの家族人類学者のエマニュエル・トッド氏（一九五一年生）が『第三次世界大戦はもう始まっている』（文春新書、二〇二二年）で日本に核武装を勧めている。この小論は彼のお勧めに対する拒否である。結論的に言えば、「余計なお世話だ」に止まらない危険極まりない「核兵器礼賛論」だということである。以下、彼のお勧めとその理由を紹介しながら反論を行うこととする。

トッド氏のお勧めとその理由

彼は、当面、日本の安全保障に日米同盟は不可欠だとしても、アメリカに頼り切っていいのか。アメリカの行動はどこまで信頼できるのか。こうした疑いが拭えない以上「日本は核を持つべきだ」としている。

アメリカの行動が信頼できないのは、「戦争」はもはやアメリカの文化やビジネスの一部になっている。アメリカは「世界を戦争へと誘う教育」を世界各地で進めている、という認識である。こうしたアメリカの行動の「危うさ」や「不確かさ」は、同盟国日本にとっては最大のリスクで、不必要な戦争に巻き込まれる恐れがある。現に、ウクライナ危機では、日本の国益に反する対ロシア制裁に巻き込まれているではないか、というのである。

要するに、米国の「危うさ」は日本にとって最大のリスクだというのである。

そのような認識の下で、彼は次のように論を進める。

「日本の核保有は、私が以前から提案していたことで、今回の危機で考えを改めたわけではありません。現在、その必要性はさらに高まっているように見えます。」

日本において「核」はセンシティブな問題だということは承知しているけれど（彼は最初の訪日で広島に行っている）、「核とは何か」冷静に考える必要がある。

「核の保有は、私の母国フランスもそうであるように、攻撃的なナショナリズムの表明でも、パワーゲームの中での力の誇示でもありません。むしろパワーゲームの埒外に自らを置くことを可能にするものです。『同盟』から抜け出し、真の『自律』を得るための手段なのです。」

要するに、核を持つことは国家として自律することだというのである。

さらに彼は、次のようにも言う。

「過去の歴史に範をとれば、日本の核保有は、鎖国によって『孤立・自律状態』にあった江戸時代に回帰するようなものです。その後の日本が攻撃的になったのは『孤立・自律状態』から抜け出し、欧米諸国を模倣して同盟関係や植民地獲得競争に参加したからです。つまり核を持つことは『自律すること』です。核を持たないことは、他国の思惑やその時々の状況という『偶然に身を任せること』です。アメリカの行動が『危うさ』を抱えている以上、日本が核を持つことで、アメリカに対し自律することは、世界にとっても望ましいはずです。」

ウクライナ危機の歴史的意味

彼は、ウクライナ危機の歴史的意味について次のように言う。

「ウクライナ危機の歴史的意味は、第二次世界大戦後、今回のような『通常戦』は小国が行うものでしたが、ロシアのような大国が『通常戦』を行ったからです。本来、『通常戦』に歯止めをかける『核』であるはずなのに、むしろ『核』を保有することで『通常戦』が可能になるという事態が生じたのです。中国が同じような行動に出ないとも限りません。これが、日本を取り巻く状況です。ですから、日本には再軍備が必要でしょう。完全な安全を確保したいなら、核兵器を保有するしかありません。」

「核共有」も「核の傘」も幻想にすぎない

彼は、「核共有」や「核の傘」についても語っている。

「『核共有』という概念は完全にナンセンスです。『核の傘』も幻想です。使用すれば自国も核攻撃を受けるリスクのある核兵器は、原理的に他国のためには使えないからです。中国や北朝鮮にアメリカ本土を核攻撃できる能力があれば、アメリカが自国の核を使って日本を守ることは絶対にありえません。自国で核を保有するのか、しないのか、それ以外選択肢はないのです。ヒロシマとナガサキは、世界でアメリカだけが核保有国であった時期に起きた悲劇です。核の不均衡は、それ自体が不安定要因になります。中国に加えて北朝鮮も実質的に核保有国になる中で、日本の核保有は、むしろ地域の安定につながるでしょう。」

「主張の整理」

以上が、彼が日本に核武装を勧める理由である。整理すると、第一に、アメリカからの真の自律のため。第二に、中国に備えるため。第三に、アメリカの核には頼れない。第四に、地域の安定につながる、ということである。

以下、一つずつ検討してみよう

アメリカからの自律

アメリカとの同盟を解消しアメリカからの「真の自律」を勧める氏の見解は、アメリカは「ベスト&ブライテスト」だと考えている人や日米同盟を絶対視する勢力からすれば容認できないであろう。けれども、アメリカへの従属を拒否し対等平等な関係を望む勢力（私もその一人）からすれば、傾聴に値する指摘も含まれている。

トッド氏は、「人間は基本的に賢明である」という前提から思考するとしている。その氏は、アメリカについては次のように言う。

「予測不能で多大なリスクとなりうるのがアメリカの行動です。プーチンを中心とするロシアと対照的に中枢がないからです。アメリカの『脳内』は、雑多のものが放り込まれた『ポトフ』のようです。『ロシアの体制転換』など予測不能な失言を繰り返すバイデン大統領は何を考えているかわかりません。今回の戦争が『世界戦争化』し、アメリカにとっても『死活問題』となってしまった中で、アメリカのエスタブリッシュメントが不確実性を抱えていることは、世界の安定にとっては大きなリスクになっています。」

こうしてみると、彼は、アメリカの指導層は、賢明さに欠けるので危険だとしているかのようである。彼は、ロシアがウクライナでしている以上に醜悪な行為をイラクでやってきたとか、アメリカは世界中で戦争状態を維持してきたことなども指摘している。その上で、「ヨーロッパで戦争を始めたアメリカに対する敵意は絶対的」と表明しているのである。

私には、彼の「近代以降の各社会のイデオロギーは、農村社会の家族構造によって説明できる」という学説をコメントする意思も能力もないけれど、アメリカの動きが世界の安定化にとって大きなリスクという結論には同意しておきたい。私も、アメリカは、世界に分断と無秩序をもたらす身勝手で乱暴な国だと考えているからである。

けれども、それが日本の核武装の理由になるとは思わない。日本の「真の自律」を望むのであれば、日米同盟の基礎になっている日米相互協力安全保障条約（日米安保条約）一〇条によって条約を終了させる意思を通告する方法があるからである。他方、日本の核武装などは、日本が核兵器不拡散条約（ＮＰＴ）から脱退しなければできないことである。この条約から脱退するには「この条約の対象である事項に関連する異常な事態が自国の至高の利益を危うくしている」ことが前提なのである（一〇条）。

彼の提案は、日本が締結している諸条約を完全に無視しているのである。彼のアメリカに対する「敵意」は理解できるけれど、その解消を日本の核武装化に求めることは全くのお門違いである。

中国に備える

ロシアは核兵器使用の威嚇で、ＮＡＴＯの干渉を阻みながら、ウクライナを侵略している。それを中国もやるかもしれないというのである。この発想は、日本の政府がしきりに言い立てていることであるし、財界、学界、マスコミなども同調している見解である。わが国を取り巻く厳しい安全保障環境の中核をなす危険性という位置づけである。「ひげの隊長」こと佐藤正久氏は、「太平洋に出ようとするときに、通せんぼするように日本列島がある。ロシアや中国からすれば『あぁ邪魔だ。日本が自国領ならスムースに太平洋に出られるのに』と、地団駄踏みたい気持ちでしょう」と言っている（『知らないと後悔する日本が侵略される日』幻冬舎新書、二〇二二年）。佐藤氏とトッド氏との間に知性や対米感情に違いはあるとは思うけれど、中国の危険性を説くことでは共通しているようである。ただし、トッド氏の方が核武装を言うだけ強硬派ということかもしれない。「ひげの隊長」が可愛らしく見えてしまう。

米国国防総省は、二〇三五年までに中国の核弾頭数は一五〇〇発になるだろうと予想している。現在は三五〇発だから四倍増である（『毎日新聞』二〇二二年一一月三〇日付朝刊・それでも、米ロの四分の一程度）。日本には核弾頭を作る能力があることは周知の事実である。ある意見によると一発作るのに三億円と三ヵ月が必要だという（東京工業大学先導原子力研究所の澤田哲生助教、週刊ＦＬＡＳＨ　二〇一七年一〇月一七・二四日合併号）。トッド氏は、不可能な提案をしているわけではない。ただし、アメリカに頼らないということであれば、中国と同程度の数は必要とされるであろう。中国と日本の間で核軍拡競争が展開されることになる。それが「安全保障のジレンマ」という現象である。私には、こういう提案をする人が「人間は基本的に賢明である」ということを基礎に置いていると思えない。

「核共有」や「核の傘」はナンセンス

彼は、「核共有」や「核の傘」はナンセンスだとか幻想だという。アメリカは、自国への核攻撃を誘うような核兵器使用はしないからというのがその理由である。私もそう思う。那覇や東京のために、ハワイやワシントンを犠牲にするはずがないと思うからである。もちろん、ソウルや台北で核兵器は使用されないであろう。これは、少し物事を考える人であればすぐに理解できる事柄である。現在、アメリカはウクライナのために武器・弾薬・情報は提供しているけれど、戦闘行為はしていない。アフガニスタンからも撤退している。彼の地に残っているのは混乱と貧困である。アメリカは自分の都合で動くのである。アメリカの都合と自国の都合がいつも一致するわけはない。だから、彼の指摘は正しい。けれども、それが日本の核武装を必然とするわけではない。核兵器に依存しないという選択肢が存在するからである。

日本の核武装は地域の安定につながる

彼は、日本が核武装すれば北東アジアは安定するという。一国が核武装するよりも関係国が全て核武装すれば安定につながるという議論である。核兵器で対峙すると核戦争になることを避けようとするので地域は安定するという議論のようである。米ソの間に「熱い戦争」が起きなかったのは核兵器のおかげだという議論と通底するといえよう。核兵器は戦闘の手段ではなく平和と安定のための道具であるという核抑止論である。

まとめ

結局、トッド氏の議論は核抑止論の一亜種ということになる。彼は、アメリカの危険性と不安定性を指摘しているけれど、アメリカやロシアはもとより、いかなる国にも、核兵器の削減は求めていないし、その廃絶の主張はない。むしろ、「唯一の被爆国」日本にも核武装を推奨しているのである。それが日本の国益にかなうというのである。そこには、日本国憲法どころかNPT体制なども全く眼中にない。

NPT体制は、核戦争は全人類に惨害をもたらすので、核兵器の拡散を防止し、核兵器保有国に核軍拡競争の停止と核軍縮を義務付け、最終的には、全面的軍縮を予定しているシステムである。トッド氏の提案は、いまだ不十分さはあるとはいえ、「核の時代」における重要な法的枠組みであるNPT体制を無視するものなのである。「NPT体制は崩壊した」などという議論もあるけれど（加藤朗ほか著『非核の安全保障論』集英社新書、二〇二一年）、核兵器のない世界を求めるための重要な法的枠組みを軽々に扱うことは、先人たちの営みを無駄にし、将来世代に災いをもたらす謬論である。

「核戦争に勝者はない。核戦争は戦ってはならない」というのは、トッド氏の国のマクロン大統領も承認している政治原則である。核兵器の不使用はもとより、核兵器の不拡散や核軍縮は、核抑止論によって歪められてはいるけれど、人類社会が一致して求めている地平なのである。核兵器武装国や依存国は核兵器禁止条約を敵視しているけれど、人類が核兵器使用の惨害から免れるためには、核兵器の廃絶が必要だということは、論理的必然であるだけではなく、国際政治上の意思でもあり国際法ともなっているのである。

トッド氏の、日本への核武装のお勧めは、核兵器の必要性や有用性を説く「核兵器拡散論」であって、余計なお世話に止まらない、危険極まりない「核兵器礼賛論」なのである。私は、氏のウクライナ戦争やアメリカに対する評価に、学ぶところや共感するところは多いけれど、このような「核兵器礼賛論」を看過することはできない。

私は、ある人の知性の有無やその程度については、その人物の核兵器についての認識によって計測することにしている。私はこのような見解を述べる彼を「現代最高の知性」などと持ち上げることに同意できない。

第4章　反核平和を考える

この章では、反核平和を考える上でのいくつかのエピソードを紹介する。

一　靖國神社遊就館で考えたこと

二〇二二年九月、靖國神社の遊就館を見学した。埼玉弁護士会憲法委員会の「憲法体験ツァー」という企画である。参加メンバーは、白鳥敏男会長、小山香委員長など一〇名である。案内は、東京弁護士会の内田雅敏さん。内田さんは『靖國神社と聖戦史観』(藤田印刷エクセレントブックス、二〇二一年)の著者で私の友人である。もちろん、「聖戦史観」、「皇国史観」に異を唱えている論者である。遊就館の中での部外者の解説は禁止されている。禁止の理由は、靖國の聖戦史観に反する解説はさせないということであろう。その禁止規範を考慮に入れての解説だったのでコンパクトで説得力あるものだった。

いくつかのエピソードを紹介しよう。

泰緬鉄道機関車の話

遊就館に入ると、直ぐに、本物の機関車が展示してある。これは泰緬鉄道の開通式に使用された機関車で、南方軍鉄道隊関係者が拠金して、タイ国有鉄道から譲り受け、一九七九（昭和五四）年に靖國神社に奉納されたものである。泰緬鉄道というのは、一九四二（昭和一七）年、タイ（泰）のノンプラドックからビルマ（緬甸）のタンピュザヤ間の鉄道のことである。日本軍鉄道隊や連合軍捕虜、現地住民（ロームシャ）など約一七万人を動員した工事で、厳しい地形と過酷な気象条件の下で行われ、連合軍捕虜約五万人中約一万三千人もの死者が出たという。現地人にもそれに数倍する死者が出ている。一九七一（昭和四六）年、昭和天皇が訪英した際、その工事に従事させられた元英軍捕虜らが、一斉に天皇の車列に背を向け、映画「戦場にかける橋」の主題歌「クワイ河マーチ」を口ずさんで抗議の意思を示したという（この部分の記述は内田本による。また、「クワイ河マーチ」はぜひ聞いて欲しい。ネットで直ぐに検索できる）。内田さんの怒りは、遊就館展示は、その捕虜や現地住民の虐待についても何も触れていないことにある。

この怒りは、決して内田さんだけのものではない。私が、この遊就館訪問をフェイスブックに投稿したところ、友人の国際政治学者が「この鉄道を敷くために、どれだけの捕虜とロームシャが犠牲になったかは一言も触れていません。一言も！」というコメントを寄せてくれた。遊就館の展示は、その入り口のところから、日本軍は賛美されるが、その国際人道法（戦時国際法）無視の残酷さは完全に隠蔽されているのである。

韓国人と靖國の関係

私のフェイスブックの投稿にある研究者から、こんなコメントが寄せられた。

昔一度、国際研究会で来日していた韓国の先生方を「お忍び」で案内したことがあります。その時に案内した韓国の大学教授の方が「靖國に行ったなんてバレるとスキャンダルになりかねないですが、実際に実物を見ないで批判するのも研究者としてはどうかと思うので、内緒で案内してください」と頼まれ、韓国の先生方七、八人を、日本側数人で案内しました。神社自体は「想像と違った。もっと軍事色が強いと思っていた。あまり普通の神社と外見は違わないですね」と感想を述べていました。遊就館はあまり時間がなくてきちんと見学できませんでしたが、「う〜ん」という感じでした。安全保障や国際関係を専門とする先生方でしたので、精神論一辺倒で、ちゃちな兵器や稚拙な作戦の解説に唖然としていたようです。

韓国では、靖國神社に行くことは、スキャンダルのようである。私も、この年まで靖國に行っていなかったけれど、別に行くことがタブーと思っていたわけではない。たまたま行く機会がなかっただけだし、行かなければという義務感を持っていなかっただけである。けれども、韓国の学者たちにとってはもっと深刻な事情があるのかもしれない。大日本帝国に植民地支配を受け、その支配を担っていた者たちが祀られているところへの参拝はありえないだろうからである。

このことに関連するこんなエピソードを紹介しておく。二〇一一年に靖國神社の門に放火されるという事件があった（その場所を内田さんが教えてくれた。以下の記述も内田本による）。警視庁は、その放火犯の引渡しを「日韓犯罪人引渡条約」（正式名称「犯罪人の引渡しに関する日本国と大韓民国との間の条約」）に基づいて韓国に求めた。その犯人は、二〇一二年に、在ソウル日本大使館に火炎瓶を投げ込んだ劉強元という人で、韓国での裁判中に靖國への放火も認めていたのである。その引渡し請求に対して、ソウル高等裁判所は、劉の行為は「政治的罪」であるとして、日本への引渡しを認めなかったのである（同条約三条C項は、被請求国が政治犯罪と認める場合には引渡しを拒否できるとしている）。その論理は次のとおりである。

犯罪人は、靖國神社を単純な私的宗教施設ではなく、過去の侵略戦争を正当化する政治秩序の象徴とみなし、本件犯行を実行したことは明らかで、大韓民国と中国などの周辺諸国も、政府閣僚たちが靖國神社を参拝することに強く抗議していることを見るとき、靖國神社を国家施設に相応する政治的象徴性があるとみる見解は、犯罪人の独断ではない。

内田さんは、この決定を「放火犯」を免罪しようとするとんでもない決定と解するか、同決定が指摘した靖國神社の性格について改めて考えるか、日本人の歴史認識が問われているとしている。私もその問題提起にも引渡し拒否にも賛同する。けれども、放火という手段を、留保なく同意することはできない。「実力行使」は目的達成を遅らせる場合があるからである。

憲法体験ツアー

もうひとつのエピソードを紹介しておく。

フェイスブック友だちの千葉の弁護士から「いい企画ですね」とのコメントを寄せられた。埼玉の憲法委員会も、若手の参加が少ないので、何か「面白いこと」ができないかということで、靖國神社と東京大空襲資料館の訪問と月島のもんじゃ焼きという三点セットの設定となったのである。

最も熱心にメモをとりながら見学していたのは、「憲法カフェ」を主催している竪十萌子さんだった。彼女は、ロシアのウクライナ侵略を見て、日本も武装強化をしなければいけないという意見に出会うので、もっと勉強しなければと思ったと参加の動機を語っていた。

「平和を望むなら戦争に備えよ」というのは、伝統的・古典的見解である。一朝一夕に消え去ることはないであろう。「普通の国」はまだそうなっている。他方、「九条があるから入った自衛隊」という川柳も作られている。「九条が一国だけというハンデ」という句もある。非軍事平和規範は間違いなく根付いているのである。

どのように平和を構築するのが最も早く確かな方法なのか。「核の時代」にあって「絶滅危惧種」から脱出するにはどうすればいいのか。遊就館に展示されているあまたの戦没者の遺影を見ながら、これまでの自分自身の平和観・戦争観の稚拙さと独りよがりを反省していた。祀られている「英霊」とその遺族の気持ちと共振できる平和運動が求められていると強く思ったからである。そして、自民党の幹事長を務めたこともある古賀誠さんが、『憲法九条は世界遺産』（かもがわ出版、二〇一九年）で「自民党を支持する人も共産党を支持している人も、平和についてはみんな一緒です。『戦争は嫌だよ。おれの子どもを殺させたくない』とみんな思っているのです」と書いていたことを思い出していた。

二　罅（ひび）入りてやがて粉々に砕けたる　あれは地球であったか知れず

この短歌は、柳重雄弁護士の歌集『空白地帯』に収められている一首である。私は、核兵器保有国が核戦争をしてしまい、地球が終わってしまった光景を想像してのものだと受け止めている。地球は終わってしまうのだろうか。

プーチンとバイデンと岸田

プーチンは核兵器使用を何度も言い立てている。このことについて、直近の日米共同声明は「ロシアによるウクライナでのいかなる核兵器の使用も、人類に対する敵対行為であり、決して正当化され得ない」としている。私もその部分についての異論はない。他方、日米安全保障委員会（2＋2）は「米国は、核を含むあらゆる種類の米国の能力を用いた、日本の防衛に対する米国の揺るぎないコミットメント」を再表明し、「米国の拡大抑止が信頼でき、強靭なものであり続けることの決定的な重要性」を再確認している。要するに、日米両国は、核兵器に依存し続けているのである。

バイデンと岸田は、プーチンの核兵器使用は「人類に対する敵対行為」としておきながら、核兵器に依存するという態度なのである。彼らは、プーチンを非難しているけれど、核兵器をなくそうとはしていないどころか、その利活用を前提としているのである。悪いのはプーチンで、核兵器ではないという論理である。これでは、核兵器はなくならないし、私たちは、いつ、その核兵器によって望まない終末を迎えることになるのか不明なままの人生を送ることになる。プーチン、バイデン、岸田は核兵器に依存しているということでは「同じ穴の狢（むじな）」である。

核戦争が全人類に惨害をもたらすことは、核兵器不拡散条約（ＮＰＴ）が確認している国際法上の公理である。惨害を鏖と置き換えてみると、この歌がよく理解できる。柳さんは、核を持って絶滅危惧種となった人類が、本当に絶滅するという想像を三十一文字に収めているのである。そこで、「どうする私たち」である。グテーレス国連事務総長の二〇二二年八月のＮＰＴ再検討会議でのスピーチを思い出してみよう。

グテーレス国連事務総長のスピーチ

人類は、広島と長崎の惨禍によって刻み込まれた教訓を忘れ去る危機に瀕しています。地政学的緊張が、新たな段階に達しつつあります。競争が協力と協調に勝りつつあります。不信が対話に、分裂が軍備縮小に取って代わっています。

冷戦終結後に霧散した暗雲が再び立ちこめています。私たちは、これまで限りなく運が良かったのです。しかし、運は戦略ではありません。また、核紛争に発展する地政学的緊張を防ぐ盾にもなりません。今日、人類は、一つの誤解、一つの判断ミスで核により壊滅する瀬戸際に立っています。

私は、行動すべき五つの提案をします。

一つ目に、七七年間ずっと続いてきた核兵器使用を許してはならないという規範を、緊急に強化し、再確認する必要があります。核戦争のリスクを軽減し、私たちを軍縮への道に戻す実用的な措置を見つけるのです。

二つ目に、戦争のリスクを減らすだけでは不十分です。核兵器の廃絶が唯一、二度と使用されないことの保証となるのです。

三つ目に、私たちは中東とアジアにおける一触即発の緊張状態に対処する必要があります。長引く紛争に核兵器の脅威が加わることで、これらの地域は破滅に向かって進んでいます。

四つ目に、私たちは医療やその他の用途を含む、持続可能な開発目標（ＳＤＧｓ）を進展させる核技術の平和利用を推進する必要があります。

五つ目に、私たちは条約の全てを実行し、この試練の時代にこの条約が目的に沿うよう維持する必要があります。

未来の世代は、奈落の淵から一歩退くことへの皆様のコミットメントに期待しています。

私たちは、世界を、私たちが出会ったものよりも、より良い、より安全な場所として残す義務を共有しています。

グテーレス演説と日米共同声明の違い

グテーレス演説の特徴は、核兵器廃絶の必要性を説くことと、競争が協力と協調に勝りつつあることや不信が対話に分裂が軍備縮小に取って代わっていることに対する危機感である。バイデンと岸田が核兵器に依存し続けていることは前に述べたとおりである。世界の分断や不信の拡大についてはどうであろうか。

日米共同声明は次のように言っている。
「今日の我々の協力は、自由で開かれたインド太平洋と平和で繁栄した世界という共通のビジョンに根ざしたものである。インド太平洋は、中国によるルールに基づく国際秩序と整合しない行動から北朝鮮による挑発行為に至るまで、増大する挑戦に直面している。欧州では、ロシアがウクライナに対して侵略戦争を継続している。我々は、力による一方的な現状変更の試みに強く反対する。米国及び日本は、単独及び共同での能力を強化する。」

要するに、中国、北朝鮮、ロシアとの対立を強調し、単独及び共同での（軍事）能力の強化を誓い合っているのである。ここには、協調とか協力という姿勢は全くない。

そして、2＋2では「あらゆる事態に適時かつ統合された形で対処するため、同盟調整メカニズムを通じた二国間調整」の更なる強化や「陸、海、空、宇宙、サイバー、電磁波領域及びその他の領域を統合した領域横断的な能力」の強化が強調されている。結局、あらゆる分野における軍事力による対決が選択されているのである。そこに、軍備縮小という発想はない。

地球に罅を入れさせないために

自由で開かれたインド太平洋と平和で安定した世界のために、果てしなき軍拡競争が展開されようとしているのである。このような日米同盟強化路線は私たちをどこに導くのであろうか。この路線では、世界は分断と不信と戦争による破滅が不可避になってしまう。中国、北朝鮮、ロシアの行動に問題があることはそのとおりである。けれども、私たちは、彼らの問題行動の背景や武力衝突がもたらす結末の悲惨さについての想像力も働かせなければならない。そもそも、対立や紛争は一方当事者にだけ原因があるわけではなく相関関係である。その対立の正体を冷静に見抜かなければならない。例えば、北朝鮮の核やミサイルは、朝鮮戦争が終結していないからである。その終結を言わないままに、北朝鮮の軍拡を非難するだけでは、何の問題解決にもならないであろう。

また、対立や紛争を戦争で解決するというのはあまりにも野蛮である。無人島の取り合いを殺し合いで決着をつけることなどありえない選択である。台湾の独立をめぐって自衛隊が戦わなければならない理由はない。そもそも、台湾問題は中国の国内対立の延長戦である。「台湾有事は日本有事」というのは途方もないフェイクである。

結び

ヒトは、言語を持ち合わせているし、法規範や裁判制度も工夫してきた。国家間の紛争解決については、紆余曲折はあるけれど、戦争を違法化するところまでは来ている。「核の時代」における武力による紛争解決は「文明を滅ぼす」ことも自覚されている。いかなる核兵器の使用も「壊滅的な人道上の結末」をもたらすので、核兵器を禁止し、それを廃絶しようとする国際法規範も発効している。法は万能ではないが無力でもない。

人類は、殺し合いもしてきたけれど、そうではない文明も作り上げてきている。政府が、「先軍思想」にとり憑かれ「国家総動員体制」をとろうとしている時、私たちは、最悪の事態と望ましい事態とを想像し、最悪を避け最善を求めなければならない。

地球に鋳を入れるようなことは絶対に避けなければならない。日米両国が自国の都合と思惑に合致する「国際秩序」の維持のために核兵器を含む「防衛力」という軍事力に依拠し続けるとき、地球という私たちの星に鋳が入ることになるであろう。日本国憲法は「平和を愛する諸国民の公正と信義」を信頼している。それこそが人類社会の持続可能な道であろう。

グテーレス演説流に言えば、「奈落の底」へ落ちることを避け、地球を、今よりも、少しでもより良い、より安全な場所にすることが求められている。それが未来社会への私たちの責務である。

（文中敬称略）

三 「狂った人間だけが核を使える」

――ムシャラフ元パキスタン大統領の述懐

二〇二三年二月五日、ペルベズ・ムシャラフ元パキスタン大統領が死去した。七九歳というから、私より三歳年上ということになる。ご冥福を祈りたい。個人的な関係はないけれど、気になる人ではあった。というのは、私がパキスタンに行った時の大統領だったからだ。

私がパキスタンを訪問したのは、二〇〇二年一月である。訪問の理由は、前年九月の「同時多発テロ」の報復として、（子）ブッシュ米国政権がアフガニスタンに武力行使を開始した影響で、多くの難民がパキスタンに逃れてきている実態を知りたいということにあった。合わせて、難民キャンプに文房具を届けたりもした。

一緒に行ったメンバーには、現在、参議院議員の仁比聡平氏や核兵器廃絶日本NGO連絡会の共同代表を一緒にやっている伊藤和子氏がいた。米国のアフガニスタンへの武力行使に反対という姿勢の持ち主たちであった。私たちの思いはともかくとして、当時、パキスタンは極めて複雑な情勢にあった。

ムシャラフ氏の葛藤

当時、ムシャラフ大統領は、ブッシュ大統領からアフガニスタン攻撃に協力するよう求められていた。「(協力しなければ) 空爆で石器時代に戻るか」と脅されていたようである。協力した結果、国内のイスラム教徒強硬派からは「裏切り者」扱いされたのである。それだけでも大変なのにインドとの対立も抱えていたのである。前年一二月に起きたインド国会襲撃事件で、インドはパキスタンを拠点とするイスラム過激派が実行したとして国境に軍を動員したのである。パキスタンも軍を展開し、両国間の緊張は極度に高まっていたのである。私たちも、ピリピリした空気は感じ取ることができた。カイバル峠や辺境地域 (tribal aria) に行くときには、銃を携帯する護衛付きだったのである。

ムシャラフ氏は、「核使用が選択肢に入ったのは、二〇〇二年。この時は一線を超える可能性があった」とした上で、「率直に言って、眠れない夜が続いた。もし、何か起きたら、どうやって核を使うか。使えば、数百万人を殺すかもしれない。大きな負担が私の肩にかかっていた」と振り返っている。

私は、当時、印パ間に緊張関係があることは承知していたけれど、パキスタン大統領がインドとの間で核戦争まで考えていることは知らなかった。知ったのは、二〇一三年のことである。

パキスタンが使用すればインドも使用するだろうから、私たちは、パキスタンで「人影の石」になっていたかもしれない。核戦争は、私たちの知らないところで準備され、私たちの日常を跡形もなく奪うのである。核戦争とはそういうものなのであろう。

ムシャラフ氏の本音

毎日新聞の金子淳氏は、ムシャラフ氏は「核は抑止力」だとしていたけれど、「狂った人間だけが核を使える」としていたと書いている。「核は最大限の破壊を招く。一つ使えば、一〇個落とされる。では、二〇個を先に使うのか。終わりがない。狂気だ。狂気だ」ということである。金子氏は、これがムシャラフ氏の本音に聞こえたとしている。

パキスタンが核実験に成功するのは一九九八年である。インドの核実験再開に対抗する形での核兵器保有である。ムシャラフ氏がクーデターを起こすのは一九九九年、大統領就任は二〇〇一年である。ムシャラフ氏は「核のボタンを持つ人」になっていたのである。

氏がいう「核は最大限の破壊を招く」というのは、決して独自の見解ではない。国際社会の共通認識である。例えば、核兵器不拡散条約（ＮＰＴ）は「核戦争は全人類に惨害をもたらす」としているし、「核兵器の使用は壊滅的人道上の結末をもたらす」ということは、ＮＰＴ再検討会議の合意文書や核兵器禁止条約で確認されていることである。パキスタンはNPT未加盟であるが、氏は核兵器の脅威について共通の認識を示しているのである。

氏が「狂った人間」にならないためには、核兵器の呪縛から逃れることである。核兵器を放棄することである。前例がないわけではない。一九九〇年、南アフリカのデ・クラーク大統領は核兵器を廃棄している。そして、現在、南アは核兵器禁止条約の批准国である。

ムシャラフ氏に核兵器を放棄する選択肢はあったし、むしろ、その方が人類社会の安全には貢献したであろう。けれども、氏は放棄できなかったのである。インドとの関係で、核兵器を守護神としていたからである。それが「核は抑止力だ」という言明である。氏は、核兵器は自国の安全保障のために必要不可欠という核抑止論に囚われていたのである。

核抑止論の虚妄

核抑止論者は、核兵器を保有するか、あるいは、核兵器保有国に安全保障を委ねていると国家は安全だという。核兵器で威嚇すると敵国は攻撃をためらう。だから、核兵器は敵国の侵略を抑止する道具だというのである。「戦闘の道具」ではなく「平和の装置」だというのである。核で脅せば「相手は軍事行動をとらない」と相手の思惑まで決めてしまう誠に結構な理屈である。

もし、この「理論」が正しいなら、全ての国が核兵器を持つか核軍事同盟を構成すれば、国家の安全は保障され、国民は平和のうちに生活できることになる。通常兵器もその役割を終えることになるし、世界の軍事費は減るだろう。

であれば、核兵器を禁止する理由はない。北朝鮮やイランの核開発に目くじらを立てる必要もなくなるし、NPTなども無用になる。もちろん、実際に使用することは避けなければいけないから、全ての国家が「核戦争に勝者はいないから、核戦争はしません」という誓いを立てる必要はあるだろうが、それは、現在、核保有五大国がやっていることを見習えばいいことだから、別に難しいことではない。

けれども、核抑止論者はそこまでは言わないのである。「俺たちは持つがお前たちは持つな」としているのである。これは「普遍的な理論」などではなく、単なる「ご都合主義」でしかない。こんな子ども騙しにもならない「理論」を「ベスト&ブライテスト」だという専門家をテレビでも見かける。

核地雷原での生活

さらにいえば、核兵器が存在する限り、核兵器の「意図的ではない」使用の危険性を消すことはできない。間違いを犯さない人間はいないし、壊れない機械はないからである。だから、核抑止論に従うと、人類すべてが「核地雷原」での生活から解放されないことになる。

核兵器のいかなる使用も人類の終末をもたらすことは少し物事を考える人であれば気が付くことである。だから、核兵器禁止条約だけではなくNPTの再検討会議でも「核兵器の完全廃棄が核兵器使用や使用の威嚇を禁止する唯一の保証」と合意しているのである。

それは論理的な結論であるから、それを否定することは没論理ということになる。だから、国連事務総長報告書（一九八〇年）は核抑止論を「存在する最も危険な集団的誤謬」としているのである。

事実を無視したり、論理を否定するには、洗脳するか、ウソをつくか、札束を使うか、脅すなどの手段を用いることになる。それが、核兵器保有国や日本政府とその「お先棒担ぎ」や「太鼓持ち」たちが手練手管で実行していることである。

結び

私たちに求められていることは、核兵器のいかなる使用も人類社会に「最大限の破壊を招く」という事実とそれを避けるための唯一の保証は「核兵器の完全廃棄」だという論理則を前提とした思考と行動である。ムシャラフ氏もそれをすれば本音で生きられたであろうと思えてならない。

日本政府は、「防衛三文書」において、自国の防衛力を強化し、米国の核抑止力に依存して「希望の世界」を創るとしているけれど、それは倒錯したレトリックである。むしろ、政府は私たちをディストピアに導こうとしているのである。ムシャラフ氏の述懐をそのレトリックを見抜く材料としたい。（ムシャラフ氏の発言は、毎日新聞元ニューデリー支局長金子淳氏の『毎日新聞』二〇二三年二月六日付朝刊の「評伝」に依拠している。）

四　抑止力に代わるものは何か
——平和を愛する諸国民の公正と信義は対案たりえないのか

元内閣官房副長官補の柳澤協二氏、元防衛研究所員で桜美林大学教授の加藤朗氏、元空将補の林吉永氏、東京外国語大学大学院教授の伊勢崎賢治氏の四氏が『非戦の安全保障論』（集英社新書、二〇二二年）で「抑止力に代わるものは何か」について議論している。「自衛隊を生かす会」の編集だから「専守防衛論」であり、自衛のための実力の保持を前提とする立場である。けれども、そこで展開されているのは、現在、政府が進めている「敵基地攻撃能力」などの軍事力強化に反対する議論である。政府の戦略は、国土を戦場にすることになり、それでは国民を守れないというのである。そして、日本戦略研究フォーラムが主催したシミュレーションなどは「戦争ありきで、戦争回避をやっていない」と批判し、「戦争にだけはしてはならないというのが一番大きな政策目標だ」としている。「敵基地攻撃論者」と対抗しているのである。

四人の主張への共感

私は、自衛隊は違憲の存在だと考えているので、四人の立場とは異なっているけれど、政府の自衛力強化に反対する四人の主張に賛同するし、ぜひ、共同行動をとりたいと思っている。中国、北朝鮮、ロシアを名指しでその脅威を煽り、その中枢を攻撃できる軍事力を備えるなどという政府の暴挙を座視できないからである。その暴挙と対抗するためには「自衛隊違憲論者」単独のたたかいではなく、「専守防衛論者」との大異を乗り越えた連帯が不可欠である。お互いの違いを承知したうえでの共同を追求しなければ、「政府の行為によって再び戦争の惨禍」が起きるかもしれないからである。

私は、大同団結を大前提として、その連帯の質を高めることも必要だと思っている。日米の支配層と対峙するためには「烏合の衆」であってはならないからである。そのためには対抗軸を明確にすることが求められる。

私は、最も肝心な対抗軸は抑止論の評価だと考えている。なぜなら、「敵基地攻撃論者」は、その攻撃能力は戦闘の道具ではなく、戦争を避けるための道具としているからである。戦争を避けるための戦力（抑止力）という「理論」をどう評価するかが問われているのである。戦争を避けるためであれば、日本国憲法がそうしているように、戦力を放棄することが道理である。けれども、抑止論者は戦争を避けるために戦力を強化しようというのである。しかも、米国の核戦力も必要だというのである。

私は、核抑止論は欺瞞に満ちた危険な「理論」と評価しているけれど、「専守防衛論者」はどのように評価しているのか、それを検討してみたい。

抑止力論は崩れてきている

柳澤氏は次のように言う。

「軍事的な抑止の理論というのは本当に崩れてきている。核を使うような戦争は嫌だから介入しないと言いだしたら、大国相手の場合は介入する場所などなくなってしまう。アメリカの抑止の理論は、プーチンの言動で幻想だということが分った。ロシア、アメリカ、中国のような大国が絡んでいる武力紛争の場合には、必ずぶち当たる問題だ。殲滅戦争にこちらは耐えるが、おまえは耐えられないだろうというところに抑止の本質があった。それが単なる幻想に過ぎなかったということに気づいた時に、我々は何を考えればいいのか。」

いささか難解ではあるが、要は、核兵器で敵国の意思を制御しようとしても、核使用の威嚇で対抗されて引っ込んでしまえば、抑止は働かないだろう。「相互確証破壊」（ＭＡＤ）という覚悟がないなら抑止など機能しない。結局、核による抑止というのは幻想だったということのようである。

私は、そもそも核の脅しで外国を制御できるということ自体が幻想だと思っているので、こんな持って回った言い方は不要だと思うけれど、抑止論が崩れているという柳澤氏の結論に異議はない。もちろん、核抑止論は殲滅戦争が前提だという柳澤氏の理解には同意する。

核抑止による平和が幻想だと気がついた柳澤氏は、「何を考えればいいのか」と自問している。

抑止論を詰めていけば

加藤氏は、柳澤氏の問を受けて抑止論を次のように整理している。

「軍隊の役割が抑止にあることは、現在、防衛問題当事者の暗黙の了解である。古典的戦争観では、軍隊の役割は戦うことにあったけれど、現在は、抑止にある。まずそういう抑止を認めるかどうか。その次に、通常抑止か核抑止かが問われる。核抑止を受け入れたとして拡大抑止か単独抑止か。拡大抑止の一つの選択肢として核共有がある。自主核武装も核共有もダメだろうということは明らかだ。核抑止を認めないとして通常抑止を認めるのか。通常抑止としてアメリカとの集団的自衛権を認めるのかどうか、通常兵器による敵基地攻撃を認めるのかどうかが問題になる。敵基地攻撃を認めないとなると、最小限拒否的抑止ということになる。最小限抑止も認めないということになると非武装なのか。非武装だとして民兵組織は認めるのか。民兵も認めないとしたら、完全な非暴力で抵抗するのか、それとも無抵抗なのか。」

私は、現在の国際法では、武力の行使が禁止されていることは承知しているけれど、軍隊の役割が変わったかどうかなどは考えたこともなかった。軍隊とは殺傷と破壊のための組織であり続けているからである。抑止という言葉を使用すれば軍隊の役割が変わるわけではないだろうとも思う。それは、ともかくとして、抑止論についてこのように分析的に考えることは、その理解を深める契機になるであろう。

私は、誰かの行動を制御するために何らかの強制力が必要だという意味での抑止力は認めている。自分のことを振り返っても、法なり倫理なり道徳なりの圧力がないと、身勝手この上ない嫌な奴になることは容易に想像できるからである。けれども、脅せば、誰でも言いなりになるわけでもないだろう。それは、スパルタカスの例も含めて、歴史はそうなっているし、現代社会もそうである。

いわんや、国家間で、抑止力という脅迫が予定どおり機能すると考えるのは、愚の骨頂であろう。そもそも、相手がどう考えるかは相手が決めることだからである。それを無視してあれこれ考えたところで何か意味のあるものは生まれないであろう。抑止論は「ベスト&ブライテスト」が生み出した理論だなどという言説があるけれど何をバカなことをと思ってしまう。また、「平和を望むなら戦争に備えよ」と言われて軍事力を持ったけれど、戦争が止むことはなかった。戦争に備えて軍事力を整えても平和は確保できなかったのである。その備えを「抑止力」と言おうが「反撃力」と言おうが、それは言葉の遊びでしかない。

加えて、現代は「核の時代」である。核抑止論が「核の復権」などとして再び取りざたされているのである。そのことをテーマにしないで、抑止論一般を議論しても生産性は高くないであろう。私は、加藤氏に、現在の抑止論の功罪を問題にして欲しかったと注文しておく。

加藤氏と柳澤氏の結論

加藤氏は、次のような結論を述べている。

「抑止の問題を考えるにあたって、一つずつ詰めていかなければならない問題がある。おまえの結論はその内どれかと問われれば国際政治学の学徒としての私には自らの結論はない。いずれを選択するかは国民だ。私は国民の総意に従う。」

柳澤氏は、「結論はございません」でいいと思います、としている。

二人とも、どの様な抑止論をとるかは、国民の選択だとしているのである。私はその意見に反対である。なぜなら、現代の抑止論は核抑止論であり、その理論は「最も危険な集団的誤謬」（一九八〇年国連事務総長報告）といわれる欺瞞的なものであり、その抑止が破綻した場合には「全人類に惨害」（ＮＰＴ前文）をもたらす危険なものだからである。そんな抑止論は選択してはならないと警告することは、それに気付いている者の責任であろう。抑止論一般を議論することに反対しないけれど、核抑止論の欺瞞性と危険性について注意喚起をしないことはありえない。私は、核抑止論などを選択しないよう、必死で人々に訴えることから始めたいと思う。自分も含む人類の絶滅の危険を避けたいからである。

国防を自分事として考える

柳澤氏が面白い話をしている。

「肩撃ち式の対戦車ミサイルと対空ミサイルを国民に配って訓練しておけば、最も効果的に有事に備えることになって国を守るのに一番いいという説がある」というのである。

考え方としてはありうると思う。武力で敵の攻撃に対抗するということはそういうことだからである。国を守るということは自分事なのだから、税金を負担するだけではなく、自ら武器をとれという考えである。徴兵制度や国民皆兵制度である。

政府の有識者会議も岸田首相も国防を自分事だとして考えろとしている。ウクライナの現状を見てもそのとおりだし、核戦争になれば「高みの見物」など不可能なのだから、国防という名の戦争が自分事であることは真理である。だから、私たちは国防を自分事として考えなければならないのである。

ウクライナのように戦う

林氏は「ウクライナがもし自国を守り切ったら、このやり方が大事だと思う国がいっぱい出てくる」と言っている。柳澤氏は「私はウクライナの戦い方というのは専守防衛だと思います」と応じ、林氏は「専守防衛が、ウクライナ国民の耐えて耐えて命を賭して、ロシアと戦っている覚悟に支えられていることも忘れてはならない」としている。

けれども、彼らは命を懸けて戦えと言っているわけでもない。加藤氏と伊勢崎氏は、元外務官僚・元内閣安全保障局次長の兼原信克氏が「プーチンのために命を捨てるなんてばかばかしいからみんな逃げろ」という意見に対して「卑しい」と言ったことについては批判的なのである。

ここでは、命を捨てるのか逃げるのかが深刻なテーマとなっているのである。もちろんこのテーマが深刻であることは言うまでもない。けれども、それを抽象的に考えても答えは容易に出ないであろう。誰が攻めてくるのか、なぜ攻めてくるのか、戦争以外の対抗手段はないのか、冷静に事態を受け止めることが必要であろう。そのことについてこんな議論が行われている。

国家に油断があってはならない

林氏はこんなことを言っている。

吉田茂は「世界には今日なお無責任な軍国主義が跡を絶たない」、「相互尊重の約束をしても、その約束に信を措きえない性格の国がある」。「だから自衛力はしっかり持っておかなければならない」と言っていた。

柳澤氏はこうである。

「抑止力というか防衛力を持っていないと、どんな善意の国であっても、何も防御がなければ、どこかの国がやってくる。中国なら確実にやってくる。島を簡単にとられないだけの軍備は整えるべきだ。敵地に届くミサイルを事実上持つのはしょうがないとしても、そんなことは口に出すべきではない。」

そして、伊勢崎氏は、九条二項を「日本の領海領空領土内に限定した迎撃力を持つ。その行使は国際人道法にのっとった特別法で厳格に統制される」という改正案を提案している。

ここでは、国家に油断があってはならない。どこかの国が攻めてくる。そのためには自衛力が必要だという信念が吐露されているのである。

そこでどうするか

このような発想は多くの人たちに共通するものである。政府やマスコミなどによって、中国、北朝鮮、ロシアの脅威が日常的に吹き込まれ、しかもその扇動を裏付ける事実が存在する現状ではなおのことである。その発想を間違っていると否定することはできない。

けれども、その人たちも、恐怖と欠乏から免れ平和のうちに生活したいと考えているであろう。問題は、そのために殲滅戦争を覚悟するのか、国民皆兵制度を選択するのか、最小限度の実力が必要だとするのか、平和を愛する諸国民の公正と信義を信ずるのかということなのである。

私は、平和のうちに生存・生活したいと望む人たちに対して、核兵器に依存することの愚かさと危険性を暴露し、諸国民の公正と信義を信頼する安全と生存の確保の現実性を説いていきたいと考えている。そうすることが、最小限度の実力が必要だと考える人たちに希望をもたらし、最小限をゼロにする道が開かれると思からである。

「専守防衛論者」との共闘は、「敵基地攻撃論者」との戦いに不可欠であるだけではなく、「平和を愛する諸国民の公正と信義」に基づく人類社会を形成するための一里塚なのである。

五　自衛隊に新たな「タガ」をはめる必要性

——阪田雅裕氏が訴えかけていること

はじめに

元内閣法制局長官の阪田雅裕氏が、二〇二二年一二月七日付『しんぶん赤旗』で、安保法制の下での海外での武力行使に制約を課すための法理論＝新たな「タガ」をはめるために、集団的自衛権を行使する際の「必要最小限度の武力行使」とは何なのかなど、憲法九条と自衛隊の関係を正面から問いただす必要性を強調している。

私は、自衛隊そのものが九条違反だと考えているので、今更「正面から問いただせ」と言われても、「違憲の存在です」、「時を見て、『自衛隊の解散に関する法律』を提案します」と答えるしかない。また、「必要最小限度」について議論するつもりもない。政府は、核兵器の保有や使用も「自衛のため」であれば許容されるとしてきたからである。[*1]「必要最小限度」というのは、政策論としてはともかくとして、法規範的な歯止めになっていないからである。

けれども、最近、内閣法制局が「憲法違反の疑い」などという曖昧な一言で軍令事項（軍事作戦）に口を出していたが、これは健全な政軍関係から見て異常なことだとか、[*2]内閣法制局の戦争を知らないシンプルな頭の持ち主は、軍事のことなどに口出しするな、[*3]などという言説が流布されているのを見ると、従前の内閣法制局は、日本の軍事大国化を制約する役割を果たしていたようなので、阪田氏の問題提起を考えてみることにする。

阪田氏の基本的スタンス

氏は、憲法九条の下で「敵基地攻撃」が認められるかどうかについての従来の議論を次のように紹介している。

「自衛隊は『専守防衛』の実力組織であり、他国から攻撃を受けた時、自国領から排除するためにしか武力行使しないというものだった。そのため、地理的範囲は領土、領海、領空ならびに隣接する海空域に限るという前提があった。ミサイル攻撃については、『座して死を待つべし』というのは憲法の趣旨とするところではないので、『他に手段がない場合』、他国領土のミサイル基地を攻撃することは、『法理的には自衛権の範囲に含まれ、可能である』として『地理的限界』の例外としてきた」（一九五九年見解）。

この理解に立てば、ミサイルを撃たれたら撃ち返す「敵基地攻撃」という海外での武力行使は禁止されないことになる。法理的に可能なことを現実政策にするのだから、憲法上の問題でもないことになる。

「他に手段がない」という意味

そこで、阪田氏は次のように議論を進める。

この「他に手段がない場合」というのは「国連の援助も日米安保もない場合」であり、日米軍が質量ともに維持されている現状において、なお、自衛隊が「反撃能力」（敵基地攻撃能力）を保有することの正当性は説明されていない。今や、「存立危機事態」における集団的自衛権の行使が認められ、自衛隊の武力行使に「地理的限界」はなくなってしまった。従って現在の「敵基地攻撃」論は「専守防衛」というタガが外れてしまった上での議論で、前提が変わっていることを理解する必要がある。

一九五九年当時の「敵基地攻撃論」は専守防衛の範囲内だけれど、現在の「敵基地攻撃論」は専守防衛という憲法上のタガが外れているというのである。日米安保の発効は一九五二年、日本の国連加盟は一九五六年だから、一九五九年当時、日米安保はあるし国連加盟も行われているので、この部分には疑義を呈しておくけれど、現在の「敵基地攻撃論」が憲法違反であるという結論に異議はない。

平和主義に何が残るか

このタガが外れた状況について氏は次のように言う。

集団的自衛権も容認し、敵基地攻撃能力の保有まで踏み切れば、九条の平和主義に何が残るというのか。「侵略戦争以外の武力行使はすべて許容される」という芦田修正*4に限りなく近づいてしまう。政府の「反撃能力」の行使は「自衛のための必要最小限度」という説明は、憲法九条を持っていない他国との違いを説明できない。そもそも、「自衛」以外の理由で軍備を保有している国はない。プーチンですらそうだ。

国際法上、武力の行使は禁止されているし（戦争の違法化）、その違法性が阻却されるのは自衛権の行使と集団安全保障の場合だけである。プーチンが「自衛権の行使」や「ネオ・ナチとの戦い」を口実にしていることは周知のとおりである。ただし、私は、憲法は、自衛のためであるとしても、一切の戦力の不保持を命じていると理解しているし、芦田修正についての理解も違うことは付言しておきたい。それはともかくとして、氏は、集団的自衛権についても現在の敵基地攻撃論についても憲法九条とは相容れないとしていることには共感している。

九条改正を正面から問うべきだ

氏は、政府・与党が、集団的自衛権が不可欠だと考えるならば、なし崩しの解釈変更・政策転換ではなく、九条改正を正面から提起し、国民にその是非を問うべきだとしている。

私も、解釈改憲や立法改憲に反対である。けれども、九条の改正については一項も二項も憲法改正の限界を超えると考えているので、国民投票そのものに反対である。そのテーマでの国民投票は法論理として許容されないという理屈である。[*5]「核の時代」において戦力の保有と武力の行使を容認することは「壊滅的人道上の結末」をもたらす自殺行為であり、誠実な法律家はそのような事態を絶対に避ける方向での法理論を構築すべきだと考えているからである。

安保法制前の政府の理論

阪田氏はその意見を次のように締め括っている。

「政府は、安保法制が成立するまでは精緻な法理論の下で自衛隊の行動や装備にタガをはめてきた。ベトナム戦争に派兵せず、イラクやアフガンでの戦闘行動に参加しなかった。こうした法理論は『五五年体制』における野党各党の厳しい追及の中で築かれたものである。野党各党には、安保法制の違憲性を叫ぶばかりでなく、安保法制の下で、新たなタガをはめるための議論を進めてもらいたい。」

要するに、氏は、野党に対して冒頭に紹介したような注文を出しているのである（政府の尻を叩く野党もあるが、ここでは触れない）。この注文は、野党だけではなく、集団的自衛権は違憲であるとして行動してきた日弁連や、現在、「安保法制」の違憲性を問う裁判を遂行している法律家たちに対する注文でもあろう。

阪田氏は、内閣法制局長官として政府の「精緻な法理論」を展開してきた方である。その「精緻な法理論」が、現在の政府によって「ガラス細工」のように破壊されようとしているのである。その胸中は穏やかでないであろう。精魂込めた作品が無残にも破壊されつつあるのだから。

氏は、日本共産党の機関紙で持論を展開するほどに危機意識を持っているのであろう。私は、氏と意見の違うところはあるけれど、氏が九条は「普通の国」の憲法とは違うという見解を持っていることは承知している。[*6]日本が戦争を前提とする国に大きく舵を切ろうとしている時、自衛隊の行動に新たなタガをはめる知恵を絞らなければならないという氏の提起は重要である。

私は、九条は自衛のための戦力保持も認めていないこと、憲法は「平和を愛する諸国民の公正と信義」に依拠して安全と生存を確保しようとしていることを、愚直に訴え続けることこそが、最善の知恵であると考えている。

＊1　二〇一六年四月一日閣議決定。なお、拙稿「『九条は核武装を禁止していない』との閣議決定」（『核の時代』と憲法九条』（日本評論社、二〇一九年所収））参照。

＊2　兼原信克は「内閣法制局の呪縛」という言葉で、内閣法制局の見解を法律論過剰だとしている。『自衛隊最高幹部が語る台湾有事』（新潮新書、二〇二二年）。

＊3　兼原信克は、同書で、内閣法制局は、警職法を持ち出して自衛隊の活動を縛ってしまう。それじゃ海上警備はできないとしている。兼原は、外務官僚で元国家安全保障局次長。彼の内閣法制局嫌いは目に余るものがある。

＊4　一九四六年、政府が国会に提出した憲法改正案は、衆院憲法改正特別委員会のもとに設置された

小委員会で修正が図られた。その際、芦田均・小委員長の提案で、戦力の不保持と交戦権の否認を定めた九条二項の冒頭に「前項の目的を達するため」との文言が加えられた。

＊5　前掲拙著『「核の時代」と憲法九条』所収の拙稿「憲法九条二項の改定は『憲法改正の限界』を超える！」参照。

＊6　阪田雅裕『政府の憲法解釈』（有斐閣、二〇一三年）は、「日本国憲法の平和主義は世界標準並ではない」としている。なお、拙稿「阪田雅裕氏『憲法九条の論点』―自衛隊の明記は可能か―を読んで」（『「核の時代」と戦争を終わらせるために』〔学習の友社、二〇二二年〕）参照。

六　所沢から沖縄のたたかいへの連帯!!
――日米政府はなぜ辺野古にこだわるのか

玉城デニー知事の当選

玉城デニーさんが沖縄県知事を務めていることは本当にうれしいし、大きな励みになっている。私の沖縄とのかかわりは、反戦地主弁護団の一員として、沖縄県収用委員会の公開審理（「米軍用地収用特措法」に基づく軍用地の強制使用手続き）や職務執行命令訴訟（沖縄の米軍用地の強制使用手続に必要な「代理署名」を求めて、村山富市内閣総理大臣（当時）が原告となり、大田昌秀沖縄県知事を相手に提起した訴訟）に反戦地主の代理人として補助参加したことなどにある。

一九九六年九月には、自由法曹団、青年法律家協会、国際法律家協会、日本民主法律家協会の法律家四団体が組織した「沖縄・横田に関する訪米団」の一員として、米国政府、議会関係者、平和団体に要請活動を行っている。要請の趣旨は、第一に、沖縄特別行動委員会（SACO）の合意を見直すこと。とりわけ、本土への実弾演習を拡散しないこと。第二に、地位協定の見直しと沖縄米軍基地の整理縮小。第三に、日米安保条約の解消への理解であった。その背景にあるのは、従属的な日米安保条約を解消し、対等平等な友好関係を築きたいという願いであった（その時のことは拙著『新版・憲法ルネサンス』〔イクオリティ、一九九八年〕に記録しておいた）。

それから四半世紀以上が経過している。その間にも何回か沖縄を訪問し、辺野古の座り込みの支援もしてきた。けれども、沖縄の現状は決して好転していない。むしろ、米中対立を受け、悪化していると言えよう。そういう状況の中でも、沖縄の民意はぶれていない。

所沢からの沖縄知事選応援

埼玉県所沢市には「沖縄県知事選挙支援所沢実行委員会」がある。翁長雄志さんの知事選挙の時に結成され、その後も、稲嶺進元名護市長を迎えてのイベントなどを成功させている。玉城さんの選挙でも作動している。二〇二二年八月二七日、「沖縄のつどい」が開催され、近隣地域から九二名がリアル参加している。講演を予定していた高良鉄美参議院議員がコロナに感染してメインスピーカーが欠けるというハプニングもあったけれど、有意義な集まりになったことは、会場カンパが二六万円になったことからも推測できるであろう（一人当たり二八〇〇円強は大きい）。

会は、選挙結果を次のように評価している。

沖縄知事選挙でオール沖縄の推す玉城デニーさんが見事当選を果たしました。二〇一四年の翁長さん、前回の玉城さん、そして今回の玉城さんの再選で沖縄知事選は三連勝。「辺野古新基地建設」や「こどもの貧困化」を争点とした知事選挙で沖縄県民ははっきりと「辺野古新基地ＮＯ」を三度突き付けました。今度は私たちがこの結果を引き取り、私たちの生活の場、政治の場で政治を変えていく番です。この間の皆さまのご協力に感謝するとともに今後も沖縄県民に寄り添い、一層の応援をお願いいたします。

私の開会あいさつ

私は呼びかけ人代表としての開会あいさつをした。その概要は次のとおりである（会のニュースによる）。

デニーさん再選を勝ち取りたいという思いで、皆さんにご挨拶します。沖縄県民の「辺野古新基地反対」という再三の意思表示もかかわらず、しかも技術的に無理な工事だと言われているのに、日本政府はなんとしても基地を造ろうとしています。それはアメリカの世界戦略とそれに同調する日本政府の意図のためと考えます。

近年、台湾をめぐって米中の対立が極めて強くなっています。バイデン大統領は去年（二〇二一年）の施政方針演説で、「私たちは米国の利益を守り、戦争を回避するために、インド太平洋地域で強力な軍事プレゼンスを維持する。アメリカは歴史上唯一無二の存在である」と言っています。

他方で習近平総書記は中国共産党一〇〇年記念講演で「台湾問題を解決し、祖国の完全な統一を実現することは中国共産党の歴史的任務である。…中華民族は五千年余りの歴史を有する」と演説しました。

そして日本とアメリカの共同声明には「日米両国は台湾海峡の平和と安定の重要性を強調する」とあり、「日本は同盟及び地域の安全保障を一層強化するために自らの防衛力を強化することを決意した。日米同盟は揺るぎないものである」とあります。

このように、アメリカと中国は正面から対立し、日本はアメリカとの同盟を表明しています。となると最前線に立たされるのは沖縄です。それゆえに、南西諸島で自衛隊が強化され、辺野古新基地建設が強行されているのです。

今、辺野古基地建設への反対を表明しているデニー知事が再選されれば、米中対立の中で日本とりわけ沖縄を再び戦場にさせないという沖縄県民の意思がはっきりと示され、政権に痛手を与えることになります。第一次台湾危機の際には核兵器が使われようとしました。デニーさんの当選は、米中の対立を超えて、全世界の平和に直結することであり、沖縄や台湾での核兵器使用の危機を排除することであると強調したいのです。その思いを込めて、この「つどい」の時間を共有したいと思います。

結び

辺野古基地は米国の世界戦略に位置付けられている。日本政府はその意図に逆らうことはしない。

核とドルへの依存を選択しているからである。その日本政府の選択が、沖縄県民の意思と正面から衝突しているのである。米軍と自衛隊が中国軍と対決すれば、沖縄が最前線になることは誰にでもわかることであろう。

台湾危機に際して核兵器が使用されることはありうる。ロシアがウクライナ侵略に際して核兵器を使用すれば、核兵器使用の敷居は低くなり、台湾海峡や琉球列島での使用はありうるであろう。敵基地や敵の中枢を攻撃するということは、その逆の危険性を覚悟することを意味している。それが典型的な戦争である。しかも、戦争容認勢力は、核兵器使用をコントロールできると考えている。限定的な戦術核兵器の使用などを検討しているのである。例えば、最近テレビで見かける防衛研究所の高橋杉雄氏は、北朝鮮との関係ではあるが、「米国が抑止力の信頼性を確保するためには、最も確実かつ迅速に発射前の核兵器を撃破しうるオプションである核兵器の限定使用さえも万一に備えた選択肢にしていく必要があろう」としている（秋山信将＝高橋杉雄編『「核の忘却」の終わり』〔勁草書房、二〇一九年〕）。

北朝鮮の基地を核攻撃する選択肢の研究が、中国に拡大しないことはありえない。米国政府と軍部だけではなく、日本政府と軍部も核兵器使用を想定しているのである。しかも、日本政府は米国の核兵器先制使用政策に反対していないことも忘れないでおきたい。武力での問題解決を想定する限り、核兵器は「最終兵器」として手放すことはできないのである。だから、彼らは、核兵器禁止条約を敵視するし、辺野古地建設をあきらめないのである。

そして、武力衝突は核兵器使用への道を拓くことになる。核戦争に勝者はなく絶滅が待ち受けている。「人類の終わりの時」が近づいてくる。

辺野古基地反対闘争は、沖縄だけではなく、私たちや北東アジアの民衆にとっての死活的な課題なのである。沖縄との連帯は「自分事」として取り組み続けなければならないと決意している。

七 「アジアの未来」研究会の政策提言を読む

「アジアの未来」研究会が「岐路に立つアジアの未来―平和と持続的な繁栄を実現するための日本の戦略」という政策文書を公表している（二〇二三年七月二四日）。この研究会は、添谷芳秀慶應義塾大学名誉教授とマイク望月ジョージ・ワシントン大学准教授を共同代表とする日本の外交政策および国際関係の研究者や専門家たちのグループである。

その問題意識は、米中間の地政学的競争の激化と軍事衝突に対する懸念や、アジアと日本の未来は戦略的な岐路に立たされていることなどである。

具体的には、「昨年一二月に岸田内閣が閣議決定した『国家安全保障戦略』に潜む欠陥も、私たちの試みの緊急性と日本が進むべき別の道筋を描く必要性を裏付けるように思えた」としているように、「国家安全保障戦略」に欠陥があるので「別の道筋」を描く必要があるということである。

私も政府とは「別の道筋」を描く必要があると考えている。ただし、私はこの「国家安全保障戦略」を含む「防衛三文書」は、日本版「先軍思想」に基づく現代版「国家総動員体制」を目指すものと考えているので「欠陥が潜在している」という評価はいささか微温的だと思っている。それはともかくとして、このグループはどのような発想で、どのような政策を提案しているのかを検討してみることにする。政府の戦略文書に欠陥があるので対案を示すという人たちの提案に耳を傾けることは必要な作業だからである。

報告書の要旨

報告書の要旨は次のように始まる。

米国と中国の戦略的な競争と対立が厳しさを増してきた。アジアの国際秩序の行方は不透明になり、日本の外交安全保障戦略も立て直しを迫られている。「国家安全保障戦略」は、外交に目配りを欠かしていないが、際立っているのは、軍事面も含めた権力政治と地政学的側面および経済安全保障への強い関心であり、日本の自衛力と日米同盟に中心的な位置づけが与えられていることである。

しかし、「国家安全保障戦略」が示すパラダイムと日本の独自対処能力との間にはギャップが存在する。そのギャップを日米同盟が埋めることになるので、日米同盟強化が前提であり、かつ絶対不可欠にならざるを得ない。その結果、このパラダイム転換は、アジアの未来を絡めとり、分断するリスクをも内包している。本報告書の議論と提言の根底に存在するのは、このことに対する深刻な懸念である。

ここで語られていることは、日本の外交政策の立て直しが迫られている。「国家安全保障戦略」

は外交にも配慮しているが、軍事面を強化しようとする面が強すぎる。日本だけでの強化は無理なので、日米同盟に絶対的に依存することになる。それは、アジアに分断をもたらすリスクがある、ということである。「日本の自衛力と日米同盟に中心的な位置づけが与えられていること」に対する異議が述べられていることに注目しておきたい。

続いて求められる外交手段が語られる。

日本のアジア外交は、長年、多面的・多層的なアプローチを重視してきた。このアプローチは引き続き有効な方法である。また、近年特に顕著になっている国境を越えた課題について、国家間の協力がかつてないレベルで必要とされている。にもかかわらず、最近の外交政策議論は、国家間協力よりも大国間競争の観点に囚われがちである。

そうした中で日本は、米国との安全保障協力を維持・推進しながらも、アジアにおける米中間の競争の緩和に寄与し、アジア地域で大国間の戦争が起こる危険性を軽減させるべく、指導力を発揮すべきである。それなしには、国境を越える諸課題の解決や核兵器のない世界に向けた前進もあり得ない。こうした取組みと実践こそが、「ミドルパワー外交」という概念に合致するものであり、米国への依存一辺倒ではない「親米自立の外交」を目指す取組みである。

ここでは、国境を越える諸課題の解決や核兵器のない世界への前進のために、米国一辺倒ではない外交の必要性が説かれているのである。日米安保の「維持と推進」は前提ではあるが、「親米自立の外交」や「ミドルパワー外交」が提案されているのである。日米安保を維持し推進しながらそのようなことが可能なのかは疑問があるけれど、その方向性に反対する理由はない。

アジアに対するアプローチと「ミドルパワー外交」の推進

提言は、「ミドルパワー外交」について次のように概観している。

日本の対アジア政策の最も重要な目標は、アジア地域の繁栄を促進しつつ、その経済活動が環境面でより持続可能となり、経済発展の利益がより公平に分配されることである。この未来像を達成するためには、価値観を共有し、類似の政治・経済制度を有する国々との協力が重要である。米国との関係は日本の外交政策の重要な柱であり続ける。

ここまでは、政府の見解と違わない。けれども、提言は次のようにも言うのである。

しかし、日本は、日米同盟の強化を理由に米国の同盟国以外の国々との関係を軽視してはならない。大国間の競争を緩和し、大国間競争が大国間戦争へと激化することを防ぐために、日本は、韓国・オーストラリア・ニュージーランド・インドおよび東南アジア諸国連合（ＡＳＥＡＮ）といったアジア地域の中堅国との協力関係を発展させ、「ミドルパワー連携」の牽引役となるべきである。

ここでは、日米同盟、米韓同盟、米国・オーストラリア・インドとの四ヵ国会合（ＱＵＡＤ）などの対中国包囲網とＡＳＥＡＮとが留保なしで並列されているけれど、米国の同盟国以外の諸国との協力関係の発展に反対する理由はない。さらに提言は次のようにも言う。
日本は、基本的人権と民主主義の諸原則を擁護しつつ、アジアにおける政治制度の多様性をも認識すべきであり、各国における歴史の軌跡と社会・文化の伝統が異なることにも敏感でなければならない。また、アジアが「民主主義国と権威主義国との争い」で分断されることには抵抗すべきであり、外交政策について過度にイデオロギー的なアプローチをとることは避けるべきである。

これはそのとおりである。日米首脳会談や2＋2の成果文書には「過度にイデオロギー的なアプローチ」がみられるので、この指摘は重要であろう。

そして、提言は「インド太平洋地域」という概念のみでアジア地域を定義することにも慎重であるべきだ。とりわけそれは、「アジア」大陸の重要性を希薄にし、中国への対抗や封じ込めの意図を暗示する、と批判している。「中国封じ込めを暗示する」という表現は持って回り過ぎだと思うけれど、指摘には同意する。

他方で、提言は、日本は、米国・オーストラリア・インドとの四ヵ国会合（QUAD）の下で、日豪印間の「ミドルパワー連合」の推進を主導することもできる。さらに、他のアジアの中堅国である韓国やASEANへと協力のネットワークを広げれば、地域的な「ミドルパワー連合」が成立することになる。日本は、ミドルパワー諸国とのパートナーシップを足場に中国に対して精力的に関与を行い、日中二国間関係の安定と喫緊の超国家的な諸課題についての協力を実現すべきであるとしている。

ＱＵＡＤやＡＵＫＵＳ（豪州・英国・米国の同盟）は、米国主導の対中国包囲網である。それをそのままにして、中国に対して精力的に関与を行い、日中関係の安定と超国家的な諸課題についての協力をどのように形成するのか、私には想像もできないけれど、提言を否定する必要もない。日中関係の安定に反対する理由はないからである。

地域安全保障について

地域安全保障にかかわる基本的認識は次のように表明されている。

アジアで平和を維持し、日本の安全保障を堅持するためには、一定水準の抑止力を持つことが不可欠であるが、そこには「安全保障のジレンマ」がつきまとう。抑止を有効にするためには、防衛力を適切に整備するだけでなく、潜在的な敵に対して、その敵のきわめて重要な利益や核心的利益が脅かされることはないという何らかの保証を与えることが必要となる。

ここでは、「潜在的な敵」の存在が前提とされ、「一定水準の抑止力」の保有は当然のこととされているけれど、それには「安全保障のジレンマ」が付きまとう危険性が指摘され、「核心的利益を脅かさない」という保証の必要性が語られている。「潜在的な敵」の存在を前提とし、「抑止力」を必要とすることでは、政府との間に違いはないが、イケイケドンドンの「先軍政治」は否定されているのである。政府との違いは存在している。

提言は、次のようにも言う。

日米間の防衛協力を進めるにあたり、日本は安全保障上の諸問題に関する自らの見解を、米国に対して積極的かつ率直に表明することをためらってはいけない。健全な同盟関係とは、日本が単に米国の政策と意向に従うという関係ではなく、むしろ、日本が自信を持ってより対等に米国との戦略的対話に携わる関係のことである。

ここでは、日本政府の態度が「単に米国の意向に従う関係」のようなので、それを改めて、「より対等に戦略的対話に携わる関係」を形成すべきだとされているのである。この提言も、日本は米国に「従う関係」であるとしていることを確認しておきたい。私もその認識を共有している。主権国家の軍が対等平等であることは当然であるにもかかわらず、到底そのようには思えないからである。だから、この指摘の意味は大きい。

ただし、次のような疑問も提示しておく。一つは、そもそも、自衛隊の指揮権は米軍にあると指摘される中で、このような提案に意味があるのかということである。「自発的隷従」という根本問題を放置したままでいいのかという問題意識である。

もう一つは、「国家防衛戦略」には、「我が国を守り抜くのは我が国自身の努力にかかっている。自らの国は自らが守るという強い意思と努力があって初めて同盟国等と共に守り合い、助け合うことができる」という文言があることである。政府は「今以上に米国と一緒に動きます」と決意表明しているのである。こういう状況下でのこの提言は、政府の後押しをするだけで、意味がないのではないかという疑問である。

私は、提言の「従う関係」の解消を求めることには賛成だけれど、以上のような疑問点は表明しておく。対米従属を解消することには賛成だけれど、そのための方策は丁寧に練らなければならないという問題意識である。日本支配層の「核とドル依存症」の程度は深刻だからである。

いくつかの提言

このグループは、以上述べた以外にも多くのテーマで分析をしている。そして、一五項目の提案をしている。私には、それらのすべてについてコメントする能力はない。そこで、私の関心のある項目をいくつか紹介し、コメントを試みることにしたい。

第一に反撃能力、第二に対中国政策、第三に対北朝鮮政策、第四に核政策についてである。

反撃能力への反対と専守防衛の強調

提言の第一項目は、効果が低くかつ副作用の大きい反撃能力に注力するのではなく、拒否的抑止を高める方向で専守防衛を一層強化・充実する、である。

その理由は次のとおりである。

攻撃的な反撃能力による抑止効果はわずかである。高価な長距離ミサイルに投資するよりも「専守防衛」の枠内で防衛費を増やすべきである。より堅固な空・海の防衛能力、非戦闘員の救難作戦に携わる機動的な部隊、日本と米国の防衛基地と関連施設の復旧力と抗堪性の向上、燃料と弾薬・部品の備蓄を確保することによる戦闘即応性、サイバーセキュリティと宇宙の安全保障に関する諸課題に取り組む努力、電磁攻撃の脅威に対する防衛などである。また、日本は拒否作戦の一環として、来襲する敵部隊を迎撃する空中・海上・地上発射型の長距離ミサイルの開発も継続すべきである。

攻撃型長距離ミサイルは不要だけれど、拒否的抑止のための専守防衛能力を高めようという提言である。この提言の論理は次のようなものである。

北朝鮮や中国のミサイル拠点を攻撃する長距離ミサイルが有用だというのであれば具体的なシナリオに目を向ける必要がある。

北朝鮮のミサイルが突然日本を攻撃することは自殺行為であり、起こりそうにない。北朝鮮がミサイル能力を保持したいと考える理由は、米国主導の攻撃を抑止するためである。結局、日本が北朝鮮のミサイルの脅威に対処する最善の方法は、高価な攻撃的ミサイルとそれに付随するシステムへの投資よりも、米朝間の緊張緩和と朝鮮半島における平和構築システムを推進することである。日中二国間関係の文脈から中国が日本をミサイル攻撃することは想像しにくい。中国の対日ミサイル攻撃が最も起こり得るのは、中国が台湾への軍事力行使に踏み切った際、日本に駐留する米軍基地を破壊することによって台湾防衛のための米国による軍事介入能力を弱体化しようとする場合である。従って、日本の領土に対する中国のミサイル攻撃を抑止する最も根本的な方法は中国による台湾への武力行使を抑止することだ。

提言は、このような論理で「拒否的抑止」と「専守防衛」を提言しているのである。この政策提言については、結局は軍拡競争を招くことになるので反対するけれど、その論理は、北朝鮮や中国が明日にでも日本を攻撃する可能性があるかのように扇動する政府やその同調勢力の主張に比べれば、冷静であるだけではなく説得的である。私はこの論理を支持する。

中国政策

提言は、中国について次のような政策を示している。

① 一九七二年日中共同声明第三項の原点にたち、中台のどちら側からによる一方的な現状変更に反対しつつ、台湾の独立を支持しないことを明確に表明する。

② 尖閣諸島をめぐり、現実的に日中間に問題が存在することを認め、島嶼をめぐる緊張を緩和・解消する方法について中国と協議する。

台湾問題と尖閣問題に分けての提案である。

まず、台湾問題についてコメントする。

日中共同声明の第三項は次のとおりである。

「中華人民共和国政府は、台湾が中華人民共和国の領土の不可分の一部であることを重ねて表明する。日本国政府は、この中華人民共和国政府の立場を十分理解し、尊重し、ポツダム宣言第八項に基づく立場を堅持する。」

ポツダム宣言八項はこうである。

「カイロ宣言の条項は、履行せらるべく、又日本国の主権は、本州、北海道、九州及四国並に吾等の決定する諸小島に局限せらるべし。」
カイロ宣言の関係部分はこうである。
「同盟国の目的は…満洲、台湾及澎湖島の如き日本国が清国人より盗取したる一切の地域を中華民国に返還することに在る…。」

提言は、これらの国際合意を前提とするとしているのである。これに反対する理由はない。そして、この政策の背景には次のような判断がある。

日本は地理的に台湾に近く、日本に所在する米軍（基地）は台湾を防衛するために使われるため、台湾をめぐる戦争は、日本にとって破壊的なものとなるだろう。台湾有事の際、中国側には、日本領内にある米軍基地を攻撃する強い動機があると考えられる。それゆえ、日本の政策目標は、中国と台湾が統一問題に対して平和的な解決を見出せる日が来るまで、現状維持が保たれる条件を維持することであるべきだ。米国が主導する台湾防衛の軍事計画への一層の関与を求める米国の要求に対し、日本は慎重であるべきだ。

提言は、台湾独立派のために、自衛隊員を動員することや日本を危険にさらすことに慎重なのである。「台湾有事」を「日本有事」にするなということでもある。日本政府に対する正面からの対案である。私はこの論理と政策提言に賛成である。

尖閣問題については次のように言う。

日本政府は現在、尖閣諸島は日本固有の領土なのだから中国との領土紛争は存在しないという立場を取っており、尖閣諸島の主権について中国との対話は行うべきでないと主張している。しかし、この問題が軍事化するリスクの高まりに鑑み、二〇一四年一一月に日中間で達した四項目合意に基づきながら、日本はより柔軟な方法を採るべきである。尖閣諸島は日中関係の安定と協力を損なっている大きな要因のひとつである。日本は尖閣諸島をめぐって二国間に問題が存在することを認め、尖閣諸島に関する緊張を取り除くための様々なアイデアを検討すべきである。

二〇一四年一一月の合意には、「双方は、尖閣諸島等東シナ海の海域において近年緊張状態が生じていることについて異なる見解を有していると認識し、対話と協議を通じて、情勢の悪化を防ぐとともに、危機管理メカニズムを構築し、不測の事態の発生を回避することで意見の一致をみた」との項目が含まれている。私も、無人島の帰属を殺傷力と破壊力で決着をつけるのはあまりにも野蛮で愚かで危険だと思っているので、この提言に大賛成である。そして、提言は次のような具体的提案もしている。

魚釣島のヤギを管理し、尖閣諸島に自然保護区を設定するため、日中共同の仕組みを作る一方で、中国側は海警局の艦船を尖閣諸島の領海に入れないようにすることに合意することがあり得る。

私はこの提案の実現性を評価する能力はないけれど、日中共同の仕組みというのはいい案だと思う。さらにいえば、国際司法裁判所での法的判断を選択肢にして欲しいという注文もある。それはともかくとして、私は、この二つの対中国政策を、日本政府に実行してもらいたいと考える。

北朝鮮政策

提言は、北朝鮮関連で次の二項目を提案している。

① 拉致被害に関する再調査と連絡事務所の設置を促し、国交正常化交渉の再開を目指す。

② 北朝鮮の非核化を実現するための段階的・現実的・漸進的・相互的なアプローチとして、先ずは北朝鮮の核兵器・ミサイル開発計画の凍結を目指す。

連絡事務所の設置と国交正常化交渉が提案されていることは刮目に値する。現に政府も領土も人民も存在する北朝鮮を国家として承認していないという事態の解消は喫緊の課題だと思うからである。また、とにもかくにも核とミサイルを放棄することが前提だというのではなく、「段階的・現実的・漸進的・相互的なアプローチ」と「計画の凍結」の提案も斬新である。「俺は持つお前は捨てろ核兵器」という論理が北朝鮮との関係で通用するとは思えないからである。この政策提言の背景にあるのは、次のような判断である。

第二次世界大戦終結から七五年以上が経ったが、日本は現在もなお北朝鮮との外交関係を有しておらず、二国間関係は敵対的であり続けている。拉致問題の「解決」に関する具体的な進展がなければ、日朝関係の打開は政治的に不可能である。

この行き詰まりを乗り越えるため、まず拉致問題の「解決」が何を意味するかを明確にするべきである。日本は北朝鮮に連絡事務所を設置すべきである。連絡事務所による調査・検証過程が進展を見せれば、正常化交渉を再開し、日本国民の拉致、北朝鮮の核兵器とミサイル、経済協力、および在日朝鮮人の地位に関する諸問題に包括的に取り組めるだろう。

日朝の二国間交渉を前進させつつ、核ミサイル問題に取り組むための国際枠組みを積極的に推進すべきである。そうすれば、北朝鮮の非核化という最終目標を達成するために、現実的・漸進的・相互的で段階的なアプローチを支持することが可能になるだろう。

日本は、外交関係を正常化させた後、北朝鮮との経済協力を通じて「朝鮮半島の平和システム」を推進することに寄与できるだろう。北朝鮮の人権問題については、様々な国際組織を通じた「人権対話」を奨励すべきである。

私も、「朝鮮半島の平和システムの構築」や「人権対話」に賛成である。また、拉致問題の解決と半島の非核化は、人権問題と安保問題という違いがあるので、同時解決を図るのではなく、拉致問題を優先すべきだと考えている。そのために、連絡事務所を設置することは急いだ方がいいと思う。拉致問題を北朝鮮敵視の材料とするような政策は絶対に容認できないからである。

また、安保問題は、朝鮮戦争が終結していないことを抜きに語ることは出来ない。米国の北朝鮮敵視政策の転換なくして朝鮮戦争の終結はありえないし、朝鮮半島の非核化もあり得ないであろう。朝鮮半島の非核化や「平和システム」を言うのであれば、日本との国交樹立に止まらず、米国の北朝鮮敵視政策（「ならず者国家」政策）の改善も視野に入れるべきであろう。国連憲章は「大小各国の同権」を前提にしていることを忘れてはならない。私は、この二項目の提言に賛成するけれど、朝鮮戦争終結とのセットが必要であることを付言しておく。

核兵器政策について

提言は、核政策について次のように言う。

核兵器保有国に対して「核兵器の先制不使用」を求め、国連の核兵器禁止条約にオブザーバーとして参加する。

私は、この政策に反対しない。ただし、私は、日本政府に対して、核兵器禁止条約へのすみやかな署名と批准を求める立場であるから、段階的措置としての賛成である。日本政府が「唯一の戦争被爆国」と言いながら、「唯一の核兵器使用国」の核兵器に依存して拡大核抑止を求め、先制不使用政策に反対し、核兵器禁止条約を敵視する姿勢には憤りを覚えている私からすれば、この程度の提案にはじれったさを覚えるけれど、政府の姿勢を改めようという提案に反対はしない。日本政府は、この提案を受け入れ、先制不使用政策の採用を全ての核兵器保有国に推奨すべきであるし、二〇二三年の核兵器禁止条約第二回締約国会議にオブザーバー参加すべきある。

どのように実現するか

提言者は、この政策をどのように実現するのかについての提案はしていない。いうまでもないことだが、これらの政策を実現するためには、議会での政治勢力の存在が求められる。このグループの支援者として鳩山由紀夫元首相がいることは、氏が「発刊に寄せて」を書いていることから了解できるけれど、氏はすでに政界からは引退している。では、現在の立憲民主党にその役割を期待するのであろうか。それは一つの選択肢かもしれないけれど、それだけでは政策の実現は無理であろう。では、どのような勢力との共同が可能なのであろうか。

このグループの共同代表の一人マイク望月氏は、新外交イニシアチブ（ＮＤ）が、二〇二二年一一月に公表した政策提言「戦争を回避せよ」の提案者の一人でもある。この政策提言にも、戦争を防ぐためには「抑止」とともに、「安心供与」が必要であるとの一節がある。「アジアの未来」研究会の政策と共通するアプローチである。

ところで、安保法制の廃止と立憲主義の回復を求める市民連合（「市民連合」）は、「戦争を回避せよ」を提言している猿田佐世さんや半田滋さんを勉強会の講師に迎えている。「市民連合」はウイングを広げているのである。

また、二〇二二年一二月には、平和構想提言会議が「戦争ではなく平和の準備を―『抑止力』で戦争は防げない―」という提言を公表している。この提言も「不戦を貫いてきた平和主義の道を歩みつづけるのか、アジア近隣諸国との対立と紛争への道に進むのか」という問題意識のもとで作成されたものである。「抑止力」を否定的に扱っている「平和の準備」である。この提言の共同代表は川崎哲さんと青井未帆さんであるが、提言会議メンバーの中には中野晃一さんや佐々木寛さんなど「市民連合」にかかわっている方もいる（平和構想会議メンバー一五人と市民連合のメンバーのかぶりは他にもあるかもしれない）。いずれにしても、両者の間には親近性がある。

私から見ると、「市民連合」がハブの役割を果たしているのである。「市民連合」は、戦争させない・九条壊すな！総がかり行動実行委員会／安全保障関連法に反対する学者の会／安保関連法に反対するママの会／立憲デモクラシーの会などによって構成されている組織であり、「全国各地の市民と立憲野党の広く力強い共同によって、…立憲野党が勝利することをめざして活動」している団体である。

問題は、新外交イニシアチブ（ＮＤ）や平和構想提言会議が「市民連合」に招かれて講演するだけではなく、共同する意思を持つかどうかである。さらには「アジアの未来」研究会はどうするかである。「市民連合」は立憲野党としての日本共産党を排除しないどころか、両者は相互に、最も信頼しあっている関係にあると私は見ている。私は、日本政府が進めている「戦争政策」に対抗するために、「市民連合」をハブとして、共産党を含む立憲野党との共同を選択することによってこそ、平和と持続的な繁栄を実現することができると考えている。「容共」市民連合の形成である。関係者の英断が求められている。

付記

最後に、私の想いを付け加えておく。私は、ここで紹介した「アジアの未来」研究会、新外交イニシアチブ、平和構想提言会議の政策提言に反対はしない。けれども、これらの提言に共通して欠けていることは「平和を愛する諸国民の公正と信義」を基礎とする非軍事平和思想に対する言及である。合わせて、核戦争が迫っていることに対する認識の不十分さである。この認識が不十分であるがゆえに、日本国憲法九条の世界史上での到達点の確認がおろそかになるのであろう。

九条の到達点は、次の世界戦争は核戦争になる。それは世界を滅ぼすことになる。それを避けるためには戦争をしないことだ。戦争をしないなら軍備は不要になる、という価値と論理である。「専守防衛論」ではない。

私は、今、人類社会は「核に依存する平和」か「諸国民の公正と信義による平和」かの大分岐にあると考えている。だから、「専守防衛論」に依拠するこれらの提言に注文はある。けれども、今、これらの提言をしている勢力との共同は不可欠だと思っている。戦争を前提とする政府の政策に対抗することでは共通するし、これらの政策の実現は当面の要求として不可欠だからである。そして、最初の一歩を確保しなければ、次のステップがないからでもある。私は市民社会と立憲野党の共同を心から願っている。

八　内藤功著『自衛隊違憲論の原点』に学ぶ

内藤功弁護士が『自衛隊違憲論の原点』(日本評論社、二〇二三年)を上梓した。帯には「今こそ立ち止まり、耳を傾けるべき伝説的弁護士からのメッセージ」とある。本書は、第1章「私の『戦争』」、第2章「憲法を武器として」、第3章「恵庭事件最終弁論」の3章構成になっている。第1章は自らの「戦争体験」とその自省。第2章は映画「憲法を武器として―恵庭事件　知られざる50年目の真実」の稲塚秀孝監督との対談と恵庭判決の背景。第3章は恵庭事件での「自衛隊の実態」についての弁論である。

先生は、一九三一年三月生まれだから、すでに九二歳であるが、現在も日本平和委員会代表理事として平和運動の最前線で活動している。私は、先生から「平和のために」という言葉を添えて本書の贈呈を受けたので、そのお礼を込めて、一五歳年下のシルバー世代である私が、先生のメッセージをどのように受け止めたのか、その感想を綴ることにする。

私の「戦争」

先生は、一九四五年四月三日、一四歳の時に海軍経理学校予科に入学している。これは軍人になろうとしたのである。その年の三月には東京大空襲があったし、戦艦大和の沈没は四月七日である。教官に「お前らの乗る軍艦は全部なくなった。お前らは特攻隊要員になるかもしれんぞ」と言われたそうである。そして、「対戦車肉薄攻撃訓練」も受けたという。棒の先に付けた地雷をもって敵戦車に突撃し、戦車の前に棒地雷を投げ込んで退避するという自爆攻撃の訓練である。けれども、先生は「後悔したこともなければ、逃げ出したいと思ったこともない」と述懐している。

その先生も、「新型爆弾」（原爆）の投下を知ったころから、「覚悟」の上で軍人になったつもりだけれど「気持ちが揺らぎ始めました」と言う。そして、八月一五日は、「最初は無念と安堵が交錯していたけれど、徐々に安堵の気持ちが大きくなった」そうである。一四歳の少年の偽らざる気持ちなのであろう。私の一四歳はそのような極限状況とは無縁の中学生だった。もう一五年早く生まれていれば、同様の体験をしたのかもしれない。どのような時代に生を受けるかによって人生はかくも大きく変わるものなのだと改めて思う。

ところで、先生は「軍人になることを志願した」のだから自分にも「戦争責任」があるとしている。「侵略戦争の末端を担ったものの責任」だというのである。そして、「何も知らされていなかった、だまされていたのだからやむをえなかったではすまされない」ともしている。ここには深い自責と自省がある。時代が違うとはいえ、私にも真剣な自責や自省が求められているような気がしてならない。

この章（第1章）は「私は命のあるかぎり、日本国憲法を武器として平和を守るための運動に全力を注ぎたい……それが、私の戦争責任を完全に償うことである」と結ばれている。私は、過去の「戦争責任」を問われることはないだろうけれど、新たな戦争が勃発するならば、その戦争についての責任の一端は背負わなければならないであろう。新たな戦争を阻止しえなかった責任である。人類が絶滅しないためにもその自覚は必要であろう。

そして、「憲法を武器として平和を守る」という課題では、私は先生と「同志」であり続けたいと決意している。

恵庭事件のこと

恵庭事件は一九六二年一二月、北海道の野崎兄弟が、自衛隊の演習に抗議して、自衛隊の通信回線を切断してしまい、自衛隊法一二一条違反で起訴された事件である。被告と弁護団は、自衛隊は憲法違反の存在だからその通信回線を切断することは違法ではないので無罪だと主張した。裁判では自衛隊の実態についての審理が行われ、裁判官は検察官の論告求刑をさせなかった。そして、本当に無罪判決だったのである。けれども、その理由は、通信回線は「防衛の用に供する物」に該当しないということであった。自衛隊違憲判決が出るのではと期待されたけれど、そうはならなかったので「肩透かし判決」と言われた。それはともかくとして、自衛隊の通信回線は「防衛のための物」ではなく、切断した犯人は「無罪」という何とも不思議な判決がでたのである。

内藤先生の推論

先生は、この判決の背景について、「現在の推察」として次のように言う。

裁判所と検察側の上層部との間で、「この判決は憲法問題に触れない。しかし、無罪にしよう。そうすれば被告側は控訴できない」、「検察もしないということで幕を引いてしまおう」という「三方一両損」の考え方の合意をしていたのではないかと思う。裁判所は憲法問題に取り組まなくてもいい、検察側は違憲判決を避けられるからホッとする。弁護側も違憲判決は取れないが、無罪確定だから文句は言えない。

なるほど、「三方一両損」とは言いえて妙である。私には、先生の推論について確定的な意見を言う能力はない。けれども、それはありうることだとは思っている。当時の「砂川事件」（一九五五～五七年）での田中耕太郎最高裁長官の動き、「長沼事件」（一九六九～八二年）での平賀健太氏や飯守重任氏（田中耕太郎氏の弟）の動き、最近では、最高裁での福島原発事故裁判での国の責任の否定、辺野古埋め立て裁判での司法判断などを思い浮かべれば、司法は「国策事件」において政治権力に抵抗しない、との結論を導き出せるからである。

司法消極主義

このような司法の状況は司法消極主義といわれる。平和的生存権などを法的価値として政治権力を制約する判決は可能である。基本的人権を擁護することが司法の役割だとする思想からすれば、それをしない司法を消極的と批判することになる。私もその評価に同調する一人である。では、なぜ、日本の司法はそのような消極主義に陥るのであろうか。言い方を変えれば、なぜ、司法は政治権力と対抗しないのか、政治権力は司法権力を巻き込みながらその意思を貫徹できるのかということでもある。

「三権分立」の効用と限界

マルクスとエンゲルスは、『ドイツ・イデオロギー』(一八四五〜四六年、大月書店、マルクス・エンゲルス全集第三巻)でこう書いている。

王権と貴族とブルジョアジーが支配を争い合い、従って支配が割れているような時代と国においては支配的な思想として諸権分割の説が現われ「永遠の掟」だと称される。

私は、これを三権分立(立法、行政、司法の分割)についての評価だと受け止めている。フランス人権宣言(一七八九年)は、「権力の分立が定められていない社会には、憲法はない」としている。日本国憲法もこの三権分立を統治機構の基本としている。現代日本でも、諸権の分割は「永遠の掟」とされているのである。

けれども、そのシステムが機能せず、政治権力と司法権力が一体となって、政治的決定を優先し、個人の権利（地方自治も含む）を劣後させる場合があることは、先に見たとおりである（他にないということではない）。これらの事例では、米国の意思や電力資本の利益が優先されていることは明瞭である。司法は、政治部門の政策選択を何も咎めないどころか、むしろ合法化しているのである。王権を米国、貴族を世襲保守政治家や官僚、ブルジョアジーを独占資本と置き換えてみると、「諸権分割の説」の馬脚がよく見えてくる。

三権が一致団結して守ろうとする利益は存在するのである。それが、司法消極主義の原因である。その利益とは何か。現代日本では、米国の都合と独占資本の利益である。

このことを踏まえた上で、内藤先生の恵庭事件での最終弁論を聞いてみよう。

恵庭事件の最終弁論

本書で最もスペースが割かれているのは、恵庭事件の最終弁論である。先生は、この弁論の目的は、「自衛隊がアメリカの戦略に従属し、そのもとで、核武装、海外侵略のみちを歩む危険がある軍隊であることを明らかに」することだとしている。私は、この弁論の証拠に基づく事実の整理と論理の構成に、まさに「伝説の弁護士」の面目を見出している。この弁論が行われたのは、一九六七年一月だから、半世紀以上昔である。にもかかわらず、この弁論は現在にも通用するのである。いくつかのポイントを紹介しておく。

自衛隊はアメリカン・コントロールにある

この弁論の主たる目的は「自衛隊は米国の戦略に従属している」ことの論証である。先生は、自衛隊を統制できるのは、日本の文民や国会ではない。米軍の指揮官だとしている。「シビリアン・コントロールにあらずしてアメリカン・コントロールにある」というのである。

ところで、この評価とまったく同様の評価をしている著書がある。古関彰一『対米従属の構造』（みすず書房、二〇二〇年）である。そこにはこういう記述がある。

日本国民は、帝国憲法下では主権者ではなかったが、日本国憲法の下では主権者になった。しかし、指揮権は海の向こうの手の届かないところにある。「手の届かないところ」という点では、帝国憲法下も日本国憲法下も変わることはない。シビリアン・コントロールという言葉があるが、対米従属下で自衛隊は、アメリカン・コントロールの下にある。

この本では、内藤先生の弁論は引用されていないので、古関さんは別ルートで同一の結論を導いているのであろう。私はこの二人の結論に同意する。そして、アメリカン・コントロールからの脱出の方策を考えたいと思っている。「核とドルの支配」の下で生きるのは嫌だからである。

自衛隊の核戦争訓練と核武装の可能性

この弁論は、自衛隊が、核戦争に対応するために編成され、核兵器使用を想定した訓練が行われていることに触れている。そして、証人として出廷した自衛隊幹部も、限定的核兵器使用が全面核戦争へと発展する可能性を否定していないそうである。私は、これらの事実を、本書に接するまで知らなかった。核兵器廃絶など言いながら、何とも「灯台下暗し」だったと反省している。当然、現在も行われているだろうけれど、この弁論のように事実を立証できるだけの情報は私にはない。何とも歯がゆいし何とかしなければとも思う。

さらに先生は自衛隊法八七条にも触れている。同条は「自衛隊は、その任務の遂行に必要な武器を保有することができる」としている。これでは自衛隊はいかなる武器も保有できることになるという指摘である。現在、日本政府は、自衛のためであれば、核兵器の保有も使用も憲法上許容されるとしているので、その政府解釈とこの自衛隊法の条文によれば、自衛隊は核兵器も保有できることになる。その選択を米国が認めるかどうかは別論として、非核三原則を放棄し、核兵器不拡散条約（ＮＰＴ）から脱退すれば、憲法上も自衛隊法上も制約はないことになる。それが、「核なき世界」をライフワークとする首相がいる「唯一の戦争被爆国」の現状である。

自衛隊はアメリカに従属した海外派兵、侵略の軍隊

先生は、自衛隊の性格について、作戦運用面、編成装備面、教育訓練などの側面から分析している。こういう分析には、元「海軍軍人」だった経験が生きているようである。これらの多面的分析に基づいての結論が、米軍指揮下での海外派兵、侵略の軍隊だというのである。

「敵基地の破壊」の必要性についての証言も紹介されている。敵基地攻撃は半世紀以上も前から想定されていたのである。詳しいことは、ぜひ、本書を手に取って欲しい。なるほどそういうことかと納得できるであろう。ここでは、軍事力の無限界性についてだけ触れておく。先生は次のクラウゼビッツの言葉を引用している。

一方の暴力は、他方の暴力を呼び起こし、そこから生ずる相互作用は、理論上その限界に達するまで止むことはない。…これが無限界性である。

これは、殺傷と破壊のための道具は果てしなく開発され続けることになるという指摘である。「平和を望むなら戦争に備えよ」との格言に従えば、「平和を望むなら核兵器に依存せよ」ということになるという予言であろう。その予言どおり、現代の国際社会では核兵器は必要であり、有用だとされている。そして、それだけではなく「致死性自律型兵器」なども開発されている。軍事力が「無限界」であることは事実が証明しているのである。

核兵器使用が「全人類に惨害をもたらす」ことは核兵器不拡散条約（ＮＰＴ）で確認されている。「核戦争に勝者はない。核戦争は戦ってはならない」ということは「核のボタン」を持っている諸君も承知していることである。にもかかわらず、核兵器は存在し続け、核戦争の危機が高まっている。それは、核兵器が「平和の道具」だとされているからである。そして、人類は「絶滅危惧種」であり続けている。

まとめ

日本国憲法が誕生した時、政府は「原子爆弾の出現は、戦争の可能性を拡大するか、または逆に戦争の原因を収束せしめるかの重大な段階に達したのであるが、識者は、まず文明が戦争を抹殺しなければ、やがて戦争が文明を滅ぼしてしまうことを真剣に憂えているのである。ここに、本章（二章・九条―大久保注）の有する重大な積極的意義を知るのである」（『新憲法の解説』（内閣、一九四六年一一月三日〕）としていた。

憲法九条は「核のホロコースト」を経験した人類が、人類の生き残りのために必要な法規範として編み出したものである。核兵器に頼る平和は「壊滅的人道上の結末」を想定しなければならない。日本国憲法は「平和を愛する諸国民の公正と信義」に人類の安全と生存を委ねている。

先生は、私たちにどの道を選択すべきなのか、その人生をかけて問いかけているのである。

●コラム　平和へ　今こそ外交を
――元外務審議官田中均氏へのインタビューを読む

全国革新懇ニュース四五一号（二〇二三年七・八月合併号）が、元外務審議官田中均氏へのインタビュー記事を掲載している。田中氏は、一九四七年生まれ、京都大学やオックスフォード大学で学び、外務省でアジア大洋州局長や審議官（政務）などの要職を務めた方である。私は、そういう方が、全国革新懇ニュースに登場されていることに何とも言えない感覚に襲われている。そこで、ここでは、田中氏の意見を紹介し、コメントしながら、その複雑な気持ちを整理してみたいと思う。

岸田政権の防衛力の大幅増強への疑問
田中氏は、「核を持たない日本にとって、価値観を共有する米国との同盟関係は重要です」、「自らの防衛力を整備することにも異存ありません」としている。彼は、日米同盟を前提とする自衛力保有論者なのである。政府で仕事をしていたのだから、当然と言えば当然であろう。けれども、「いま岸田政権が進めている、いわゆる敵基地攻撃能力（反撃能力）の保有などの防衛力の大幅増強、防衛費のＧＤＰ二％の倍増は疑問」だというのである。

防衛力の大増強への疑問

田中氏の疑問は二つである。一つは、「プライオリティ（優先度）が違っていないか」ということである。日本の経済指標はＧ７中で最下位水準なのに、なぜ、防衛費に二％使われて、科学技術や教育振興に使われないのかという疑問である。第二は、「なぜ、防衛費に二％が必要なのか説明がない」ことである。軍事大国にはならないとして、専守防衛を掲げてきたこととの整合性を国民にも海外にも説明しなければならないのに、それをしていないというのである。私は、そもそも、軍事費に予算を費やすことに反対だけれど、氏の疑問は無理もないものだと思う。二％はＮＡＴＯ加盟国の軍事費レベルだと言われても、それは説明になっていないからである。

専守防衛政策の大転換

田中氏は、「敵基地攻撃能力の保有は、明らかに専守防衛政策の大転換」だという。にもかかわらず、変更していないと強弁してすすめていることも大問題だとしている。この指摘はそのとおりだと思う。大転換があるにもかかわらずそれがないように振る舞うのは政府のウソだからである。

ロシアのウクライナ侵略から学ぶこと

田中氏は、ロシアのウクライナ侵略は絶対に許せないとしたうえで、ウクライナを見て「核兵器を持っていなかったから侵略された」などというのは暴論だとしている。そして、日本が学ぶべきことは、「ロシアの侵略を止められなかった外交の失敗」と「戦争を起こさせない外交を進めなければならない」ということだとしている。

私も、ロシアの軍事行動は「侵略」であり、「戦争犯罪」を伴うものであって「絶対に許せない」と思っているので、氏の指摘に同意する。そして、核兵器がなかったから侵略されたという議論は暴論だという意見にも賛成である。

日本が米戦略の最前線になる

田中氏は、中国と米国の関係については次のように言っている。

「中国の東アジアでの軍事力増強に米国の中距離ミサイルは対応できていない。だから、米国は、日本への中距離ミサイルの配備は大歓迎だ。日本は、相手国の攻撃着手を把握する能力は十分ではないので、米国の情報・指揮能力を大前提にすることになる。これは、米国の戦略の一環として日米が包括的な抑止力を持つということであり、日本が米戦略の最前線になるということである。冷静な議論を欠いた軍事力への熱狂は国を滅ぼしかねない。」

氏は、日本は米国の対中国包囲網を分担させられ、しかも、最前線とされているのだ。冷静さを欠く軍事力依存は、亡国への道だと警告しているのである。米国との同盟関係は重要だとする氏が、米国の思惑を冷静に分析しているのである。傾聴のうえ、肝に銘じておきたいと思う。

大きな構想を持った外交を

田中氏は、「外交は、国内の不満を相手にぶつけることではない。話し合う土俵をつくり相手の脅威をなくしていくことだ」としている。その観点からすると、G7サミットは、「NATOと日本が一体となって、世界の分断を深めることになりかねない」としている。私も、日本は、米国と価値観を共有する同盟国として、米国の「民主主義国」と「権威主義国」との分断を推進していると思っているので、氏のこの憂慮に共感する。

そして、田中氏は、次のように論を進める。

中ロに原因があるけれど、経済制裁や「デカップリング」政策は世界の分断につながる。大きな経済力を持った中国を孤立化させることはできず、グローバルサウスを巻き込んで世界が二分化される。それは、世界の平和と経済にとって大きなリスクをもたらす。分断を深めることは日本の利益にもならない。

これもそのとおりだろうと思う。

では、中国とはどのように関わるのか。氏は、次のように言う。

「中国は、大きな問題を抱える国だが、話し合うことが大事だ。日本は、抑止力の構築とともに外交で中国の行動を止める覚悟が必要だ。防衛力を増やすだけでは、核兵器を持った中国やロシアは抑止できない。」

抑止力や防衛力とは軍事力の別の言い方である。氏は、軍事力の構築は否定せず、外交力も必要だとしているのである。外交力を否定する人はいない。ただし、そのためには、それ相応の実力も必要だというのが大方の意見である。衣の下に鎧は着ておこうというのである。そういう意味では、氏の意見に新味はない。結局、どの程度の軍事力、防衛力、抑止力なのかという問題なのである。つまるところ、GDP二％は大きいのか小さいのかということになるのである。

けれども、私は、田中氏の意見は貴重だと思っている。岸田政権の大軍拡に反対しているからである。今、求められていることは、敵基地攻撃能力を確保するための大軍拡に反対することだからである。

結論

田中氏はインタビューの最後で「いま、日本は平和国家として、分断ではなく包含した地域の平和の枠組みの大きな構想をもって外交を進めて欲しい。かつて、日本は、北朝鮮の核問題の六ヵ国協議で積極的な役割を果たした。米中対立を激化させるのではなく、中国を軟着陸させていく方向に舵を切る。そのために、米国に追随するだけではなく、意見する能力、外交力が求められている」と言っている。

「分断ではなく包含を」ということに異議はない。包含は包摂ともいわれている（英語では inclusion）。分断は対立の固定化であり、それを武力で解決しようとすれば戦争になることは容易に想定できることである。氏の見解は、日本政府の世界の分断を容認する姿勢に対する異議申立として評価しておきたい。

また、北朝鮮問題では、朝鮮戦争の終結が求められているけれど、六ヵ国協議の再開も視野に置かれるべきであろう。

そして、「米国に追随するだけでなく」という物言いには、氏の経験からして、「追随する事態」が存在していたことへの反省が込められているのであろう。自主的外交が必要なことは当然の理である。


ところで、日米同盟をなくし、非核、非同盟、中立の日本を目指すことを目標の一つとする「平和・民主・革新の日本をめざす全国の会」（革新懇）の機関紙に、日米同盟は重要であるとする元外務省高官が登場することは、何を意味しているのであろうか。

革新懇という共産党系の組織が、そのウィングを広げたことは大いに評価したいとは思う。また、田中氏が登場したことも英断だと思う。けれども、このようなカップリングが成立したことは、この国が大軍拡の嵐の只中にあるからだとも思うのである。危機的状況であるがゆえに、左右の良識派が共同している構図なのかもしれないのである。いずれにしても、大軍拡を止めるためには、このような連帯が求められているのであろう。このインタビュー記事に「いいね」を送ることにする。

●コラム　公開書簡「九条の会」への感謝と期待

はじめに

二〇二三年八月三日、「九条の会」が「岸田政権の軍拡に反対し憲法改悪を阻止する市民の総決起の秋を創ろう」という声明を発出している。この小論は、この声明に関連して、「九条の会」への感謝と期待を述べる公開書簡である。

「九条の会」に対する感謝とは、この間、改憲勢力の猛烈な攻撃が継続しているにもかかわらず、明文改憲を許していないのは、「九条の会」の存在と活動が大きく寄与していると思っているからである。期待というのは、核戦争の危機が迫っている状況の中で、核兵器廃絶の課題もその視野に入れて欲しいということである。

「九条の会」の呼びかけ

「九条の会」は、岸田首相は政権延命のために秋にも解散を狙っている。解散・総選挙の結果、維新の会が野党第一党になるようなことがあれば、軍拡や改憲の企てが進行する危険がある。今、私たちは、軍拡と改憲の戦争する国か、憲法の人権と民主主義が活かされる平和な国かの岐路に立っている、との問題意識のもとで「九条の会大集会―大軍拡反対！憲法改悪を止めよう！」の開催を提起している。私は、この問題意識を共有するし、埼玉の所沢で「九条の会」にかかわる者の一人として、大集会の成功に尽力したいと思う。

そして、この大集会が「戦争させない・九条壊すな！総がかり行動実行委員会」と「安保法制の廃止と立憲主義の回復を求める市民連合」との共同で開催されることにも、この集会をステップにして一一月を「軍拡反対、岸田改憲阻止の総行動月間」とすることにも大賛成である。「安保法制反対」の時に比して、「大軍拡反対」の反対運動が立ち遅れているように見えるので、ぜひ、この取組みを成功させたいとも思っている。

けれども、私は、この声明に対して、注文もあるし、さらには、「九条の会」への期待を述べたいのである。

この「声明」に欠落していること

この「声明」には、核戦争あるいは核兵器という単語は出てこない。要するに、「核兵器」については何も語られていないのである。私は、「九条の会」は憲法九条の改定を阻止するための運動体ではあるが、事の性質上、核兵器廃絶を視野に置くのは当然だと思っているので、この「声明」が何も触れていないことに強い違和感を覚えているのである。内部でどのような議論が行われているのかは知る由もないが、「戦争する国」か「平和な国か」の岐路に立っているとの情勢認識を述べながら、核兵器使用の危機にも核兵器廃絶についても何も記述しないということへの違和感である。

世界を覆う危機意識

グテーレス国連事務総長は、二〇二三年八月六日の広島平和記念式典で、「核戦争勃発の危機を知らせる鐘が再び世界に鳴り響いている今、より多くの指導者たちが、真剣に事態と向き合わなくてはならない」とスピーチしている。彼は、就任以来、同趣旨の警告を繰り返している。米国の科学者たちの「終末時計九〇秒」は多くの人に知られている。核兵器が使用される危険性が極めて高いという情勢認識は、昨年のNPT再検討会議でも確認されている。「世界には今なお約一万二千五百発の核兵器が存在している。その廃絶は、人類の死活にかかわる緊急の課題である」というのは、今年（二〇二三年）の原水爆禁止世界大会の国際会議宣言の一節である。国際社会では、「核兵器使用」や「核戦争勃発」が真剣に憂慮され、核兵器廃絶は喫緊の課題とされているのである。

その危機感は世論調査にも現れている。『毎日新聞』二〇二三年八月八日付け朝刊は、社会調査研究センターが、八月六日は広島原爆の日であることを指摘したうえで、世界のどこかで核兵器が使用される恐怖を感じるかを尋ねたところ、「感じる」が八二％、「感じない」は七％、「わからない」一一％だった。「日本が核戦争に巻き込まれるかどうか恐怖を感じるか」との質問には、「感じる」が七〇％以上にのぼり、「感じない」の一二％を大きく上回り、「わからない」も一六％あったとの調査結果を伝えている。人々は、核戦争の危機を体感しているのであろう。

こういう状況の中で、九条改憲が問われているのである。その状況を無視したまま改憲問題を語ることは、「何か大事なことを忘れている」ことになるであろう。

原爆投下と九条制定

一九四六年夏の制憲議会において次のような政府答弁が幣原喜重郎によって行われていた。

「原子爆弾というものが発見されただけでも、戦争論者に対して、再考を促すことになる。…日本は今や、徹底的な平和運動の先頭に立って、大きな旗を担いで進んで行くものである。戦争を放棄するということになると、一切の軍備は不要になる。軍備が不要になれば、我々が従来軍備のために費やしていた費用はこれもまた当然に不要になる。」

当時の政府は次のような解説をしていた。

一度び戦争が起これば人道は無視され、個人の尊厳と基本的人権は蹂躙され、文明は抹殺されてしまう。原子爆弾の出現は、戦争の可能性を拡大するか、または逆に戦争の原因を終息せしめるかの重大な段階に達したのであるが、識者は、まず文明が戦争を抹殺しなければ、やがて戦争が文明を抹殺するであろうことを真剣に憂えているのである。ここに、本章（二章・九条―引用者注）の有する重大な積極的意義を知るのである（『新憲法の解説』一九四六年一一月）。

これらはほんの一例である。憲法九条の背景に「核のホロコースト」があったことは多くの識者によって指摘されている。

また、米国で第九条の会（Article 9 Society）を創設したチャールズ・オーバービー（Charles M. Overby）は、広島平和記念資料館を訪れ原子爆弾の悲惨さに衝撃を受け、日本国憲法九条の理念に感銘を受けたというエピソードも忘れてはならない。

結論

九条誕生の一要因として、原爆の発明とその使用があった。九条は「核の時代」の刻印を受けているのである。戦争を廃棄しなければ人類が消滅するという時代の刻印である。自分も含むヒトという種が絶滅しないように、九条は制定されたのである。だから、そのことを視野に入れての護憲運動、さらには、徹底した非軍事平和思想の産物である日本国憲法九条の世界化が求められるのである。

非軍事平和思想が徹底されれば、核兵器はなくなることになる。けれども、核兵器があたかも「平和を維持するための道具」であるかのように扱われ、核兵器に依存しての安全保障政策が展開されている状況下では、核兵器廃絶を抜きにしたままの非軍事平和思想の展開は「画竜点睛を欠く」ことになる。

私は、今、「戦争か平和か」もさることながら、「核兵器に依存する平和か」それとも「平和を愛する諸国民の公正と信義に信頼する平和か」の大分岐にあると思っている。政府は「戦争を抑止するための核兵器」を言っているのである。核抑止論である。

改憲勢力は、米国の核の傘という「核兵器に依存する平和」を推進しているのである。「平和を望むなら核兵器に依存せよ」というのである。日本国憲法の「平和を愛する諸国民の公正と信義による平和」はその根源的な対決軸なのである。だから、彼らは、九条を改廃しようとするのである。

そして、自衛のための実力が容認される限り、核兵器は廃絶されないであろう。核兵器は「絶対的最終兵器」だからである。政府は、自衛のためであれば核兵器の保有も使用も許されるとしている。こうして、私たちは、何時、政府の行為によって、核戦争の惨禍に晒されるか不明な状況の中での生活を強いられ続けるのである。私はそれに耐えられない。

だから、私は、「九条の会」に核兵器廃絶を視野に入れた護憲運動を期待したいのである。

第5章　韓国の反核平和運動

現在、韓国では、被爆者が、二世、三世も含めて、米国を相手に原爆投下の責任を問うための運動を進めている。本章はその紹介である。

一　韓国の反核運動の紹介
——「民衆法廷」と「米国法廷訴訟」の準備

韓国の反核運動の現状

今、韓国で、二〇二六年のNPT再検討会議に際して、米国の原爆投下の法的責任を問う「民衆法廷」と「米国法廷訴訟」の準備が進められている。「平和と統一を拓く人々」(Solidarity for Peace and Reunification of Korea：SPARK) のコ・ヨンデ共同代表は、「韓国の原爆被害者の悲しみを抱えながら、核対決がなくなった朝鮮半島と核のない世界を願い、来年の広島討論総会と二〇二六年のニューヨーク民衆法廷に向けて、米国法廷訴訟に向けて、一歩一歩進んでいきます」としている。

韓国では「韓国の原爆被爆者の悲しみ」を土台にして、「朝鮮半島の非核化」と「核兵器のない世界」の実現を目的とする「民衆法廷」さらには「法廷闘争」を展望する運動が動き出しているのである。

韓国での反核平和運動の状況を知っておくことは、「核兵器のない世界」を実現しようとする私たちの基本的任務であろう。ここでは、なぜ、韓国の被爆者がそのような運動に取り組もうとしているのか、現在の準備状況、今後のスケジュールなどを紹介しておく。

ある韓国人被爆者の決意

韓国原爆被害者協会ハプチョン支部長のシム・ジンテさん（一九四三年一月九日生）は、この民衆法廷運動に参加する動機を次のように語っている。

私の両親は「日本帝国主義強制占領期」（日本統治時代）、広島に強制的に徴用されました。私の母は軍需品の工場で働いていました。両親と私は被爆したけれど、九死に一生を得て祖父のいる韓国に戻ってきました。草の根と木の皮を口にするほど生活にあえいだ記憶が鮮明に残っています。

私は、原爆被害者協会の支部長として、被爆者の人生の苦痛を見守ってきました。戦犯国である日本に強制的に連行された韓国人がどうして爆死し、原因不明の病気に苦しみながら死んでいかなければならないのか、原爆を投下した米国に問いたいのです。いかなる理由であれ、戦争によって罪のない民間人が殺されたり怪我をさせられたりする行為は許してはなりません。韓国の原爆被害者は、戦争を起こした日本政府、原爆を投下した米国政府の責任を問わなければならないのです。

原爆投下から七八年経つ現在も、米国政府と日本政府から何の説明もありません。韓国政府は最低限の道義的責任を果たしていません。

「被害者はいるが、加害者がいない」という現実は、どうしても納得も理解もできないことです。これからでも、加害者の責任を究明し、被害者の心の澱みを晴らすために、民衆法廷に参加することを決めました。

原爆の後遺症を知っている一人として、これ以上地球に核兵器が存在しないようにしなければならず、核兵器を「ボツ」にして、「核兵器」という名称さえこの世でなくさなければならないと思います。

「核のない平和な世界」を創るために余生をかけます。米国に対しても身をもって訴訟を起こそうと思っています。韓国の原爆被害者二世、三世と共に力をあわせなければなりません。

ジンテさんの決意

ジンテさんは、自らも被爆者であり、多くの被爆者たちの苦しみを見てきた者として、加害者の責任を究明し、被害者の「心の澱み」を晴らすことと、核兵器の完全廃絶と平和な世界を願って、人生をかけるし、二世、三世とも力を合わせるとしているのである。そして、米国相手の訴訟の原告になることも辞さないとしているのである。ジンテさんの中に「心の澱み」を晴らしたいという気持ちがあることは間違いない。けれども、それに止まらないで、核兵器の使用だけではなく、その全廃を希求していることも明らかである。「核兵器」という名称さえこの世でなくさなければならないという言葉は、その決意の固さの表れであろう。私は、その言葉と「原水爆の完全破棄という処置をもってしても、それは絶対かつ究極の保障たりえない。例え、使用可能のチャンスが訪れようとも絶対に行使しないという決意を一瞬も捨てないことが真の保障である」というギュンター・アンダースの言葉を重ね合わせている。そして、戦犯国日本の構成員である私は、このジンテさんの固い決意をどう受け止めればいいのだろうかと自問している。

私の迷いと決意

私の中では「お気持ちはわかりますが、米国相手の訴訟は無理ではないですか」、「私たちも検討しましたが、無理だと結論しています」、「法廷闘争よりも、政治的・社会的運動が必要ではないですか」、「米国で運動の広がりをつくる展望はあるのですか」、「被爆者に韓国人も日本人もないのだから韓国人ということを強調することは無用じゃないですか」、「日本の被爆者運動との連帯はどのように考えているのですか」などという疑問が消失していない。そして、そもそも、韓国人被爆者の代理人として、米国の法廷で、米国の実体法と手続法を駆使して、裁判をする資格も能力も持ち合わせていない。

けれども、ジンテさんの心からの叫びに接するとき、「何かしなければ」という気持ちが沸々と湧いてきてしまうのである。「身の程知らず」、「分をわきまえろ」などというもう一人の自分の声も聞こえてくるけれど、そうなってしまうのである。そして、その気持ちは、コ・ヨンデさんの次のような言葉を聞いてしまうと、さらに強まるのである。

ヨンデさんの呼びかけ

「今、朝鮮半島は、超攻撃的な核戦略と戦力が鋭く対立する核対決の場になっています。いわゆる新冷戦対決の震源地となっています。ソウルとピョンヤンが第二の広島になってもおかしくないほど核兵器使用の脅威が最高潮に達しています。

日本は平和憲法を無力化し、敵基地攻撃能力の保有と行使を宣言し、対立を煽っています。今日の朝鮮半島の核対決は、米国の原爆投下の歴史的、必然的な産物でありその延長線上にあります。

多数の韓国国民は韓米核同盟が韓国の安全を守ってくれる、北朝鮮の国民は核兵器が体制を守ってくれると固く信じています。しかし、核対決の果てには、民族、さらには人類のすべての生命と資産を飲み込むブラックホールと奈落があるだけです。

私たちは、核同盟と核兵器という神話にとらわれ、民族と人類を対立と戦争に終末にと追いやる大多数の政治指導者たちに対抗して、民族の生活を平和と繁栄の土台の上に乗せるため、努力しなければなりません。」

私は、このヨンデさんの呼びかけを無視することはできない。私も同様のことを感じているからである。核兵器と核同盟という神話にとらわれ、人類を「終末」に追いやる政治家とその同調者たちを、日々目の当たりにしているからである。そして「全世界の国民が、ひとしく恐怖と欠乏から免れ、平和のうちに生存する権利を有することを確認」しているからである。ヨンデさんは、日本国憲法にも目を配り、日本の政治情勢を把握しているだけではなく、核抑止論の虚妄と危険性を指摘しているのである。私は彼の中に「同志」を見出している。では、何から始めるかである。

第一回国際会議

彼らは「民衆法廷」などの準備のために、三回にわたる国際会議を予定している。第一回目が、二〇二三年六月七日、八日に韓国で開催された。第一セッションのテーマは「韓国被爆者の立場から見る広島・長崎原爆投下の政治的・軍事的意味」、第二セッションのテーマは「一九四五年当時の条約国際法から見る広島・長崎への原爆投下の違法性」、第三セッションのテーマは「一九四五年当時の慣習国際法から見る広島・長崎への原爆投下の違法性」である。あわせて、「二〇二六年NPT再検討会議の主要事前イベントとしての国際民衆法廷を位置づける案を含む民衆法廷の国際キャンペーンについて」のラウンドテーブルも開催された。

このテーマ設定に見られる問題意識は、「韓国被爆者の立場」、「一九四五年当時の国際人道法の到達点」、「主要事前イベントとしての民衆法廷」などである。換言すれば、韓国人被爆者の特殊性をどうとらえるか、条約国際法、慣習国際法にかかわらず米国の原爆投下の国際人道法違反の確認、この民衆法廷を「主要事前イベント」としたいということなどである。史実を確認し、国際人道法の発展を視野に入れて、どのような運動を組織するかという問題意識である。

私は、この第一セッションの討論に参加する機会があった。イ・サムスン翰林大学名誉教授の「広島・長崎への米国による原爆投下の軍事・政治的意味～韓国の視点から～」という報告についてコメントし、「原爆投下の政治的・軍事的意味」を深めるという役回りである。

なお、第三セッションのメイン報告者は山田寿則明治大学講師である。その結論は、米国の原爆投下は、当時の慣習国際法に照らして違法であるというものである。

外国からの参加は、日本、スイス、ベルギー、米国からである。

ちなみに、全ての報告は、事前に、韓国語、英語、日本語で冊子としてまとめられており、口頭での報告も討論もその三ヵ国語で行われた。いずれのセッションも進行役は韓国人女性が務めていた。その進行は実に鮮やかであった。

私の報告の結論

私の報告の結論を紹介しておく。

東アジアの未来にとって、日米同盟が大きなカギとなる。「東アジアの大分断体制」の解消は、日米同盟の在り方にかかっているとすれば、それは、米国政府の変化なくしてありえない。日本の支配層は「核とドル」に依存するとしているので、米国政府が変われば日本は変わることになる。米国政府を変えるためには、米国の市民社会を変えることから始めなければならない。では何から始めるか。核兵器への正しい理解をしてもらうことである。核兵器の非人道性を理解してもらうことである。

米国社会でも、原爆投下が何をもたらしたのか、原爆投下は正当化できるのか、倫理的・道徳的に許されるのかという問いかけが行われ、政府の嘘を見破り、自らの蒙を啓いていく努力が行われている。

唯一の原爆使用国である米国の「核兵器観」が転換することは「核なき世界」実現のための極めて重要な一歩となるであろう。米国にも反核運動が存在していることに着目し、それとの連帯が求められている。

韓国の市民社会による反核運動が米国での影響を発揮することによって、米国の市民社会の「核兵器観」に変化が生ずるとすれば、それは米国政府の「核兵器観」の転換につながり、さらには日本政府の変化に繋がることになるであろう。もちろん、このような変化が一朝一夕に生ずることはないであろうが、核兵器を廃絶するためには不可欠な営みである。

私たちの課題は、「核抑止論」を乗り越えることである。それこそが、私たちが「絶滅危惧種」から脱却する唯一の方策である。全世界の被爆者と反核平和勢力の団結が求められている。

今後について

会議の後、コ・ヨンデさんたちと話す機会があった。ヨンデさんたちは、私たち日本からの報告に感謝していた。私の「少しはお役に立てましたか」という質問に、「大いに役立ちました」と感謝してくれた。外交辞令ではなさそうなので安心した。とにもかくにも、航空運賃とホテル代も食事代もすべて負担してくれただけではなく、謝礼やお土産まで頂戴したのだ。飛行機はＬＣＣだったけれど、ホテルはゴージャスだったし、主催者側のスタッフたちも本当に親切だった。「アンニョンハセヨ」と「カムサハムニダ」以外何もしゃべれないことを恥ずかしく思ったものだった。

ヨンデさんは、私の問題意識はＳＰＡＲＫのそれとおおいに共通すると言っていた。私も同様に感じているから、韓国まで行っているのだから当然と言えば当然ではあるけれど、それを確認し合えたことはうれしかった。

ちなみに、SPARKは尹政権下では「反政府的立場」ということになる。三三〇〇人のメンバーと一九の支部があるという。会費は月額一万ウォン（約千円）以上でそれ以上は能力に応じで任意の額を払えばいいそうである。

ヨンデさんは、日本の政治情勢だけではなく、Xバンドレーダー基地の所在地（青森県車力・京都府経ケ岬）まで知っていた。日本平和委員会との交流もあるようで、私もメンバーだと言ったら喜んでいた。私もうれしかった。

二〇二四年六月には、広島で、韓国人被爆者の実態、ニュルンベルグ憲章に照らしての原爆投下の違法性、東京地裁「原爆裁判」判決の意義と誤りなどのテーマで国際会議が開かれる予定になっている。別れ際に、「来年、広島でお会いしましょう」と言われて、思わず「はい。了解です」と答えてしまったけれど、お役に立てるかどうかは本当に心もとないのだ。いずれのテーマも、私の手に負えるようなものではないからである。けれども、彼らの想いが「心の澱み」の解消だけではなく、「核兵器のない平和な世界」の実現であることを知ってしまっているからには、可能な協力はしなければならないと思っている。「核兵器のない世界」は、市民社会の多様な運動と世界規模での協働が不可欠だからである。とりわけ、唯一の核兵器使用国の市民社会の変化が求められている。そのためにも、国内での市民社会の協働に止まらず、韓国の反核平和団体との協働が求められている。

二　韓国人被爆者にとっての原爆投下の軍事的・政治的意味
――日本の反核法律家の視点から

これは、私の報告の概要である。イ・サムスン名誉教授の問題提起に沿ってのコメントである。

自己紹介

私は、日本反核法律家協会会長、日本弁護士連合会（日弁連）憲法問題対策本部副本部長・核兵器廃絶部会部会長、核兵器廃絶日本ＮＧＯ連絡会共同代表、ＮＰＯ法人ノーモア・ヒバクシャ記憶遺産を継承する会副理事長、非核の政府を求める会常任世話人などの立場で「核なき世界」の実現を求めている。

私に与えられたテーマ

私に与えられたテーマは、韓国人被爆者にとっての原爆投下の軍事的・政治的意味を、日本の反核法律家としてどのように考えるかである。核兵器問題は全人類的課題であるのだから、国籍などにかかわることは、むしろ避けなければいけないのかもしれないけれど、原爆被害を受けたにもかかわらず、救済と支援の枠外に置かれてきた朝鮮の人たちが存在することは事実であるのだから、その「特殊性」に着目することも必要であろう。

その「特殊性」は、植民地支配の被害者が原爆被害者になるという二重の被害を意味している。そのことを真剣に検討することは、支配する側にいた人間としての義務である。

イ・サムスン名誉教授の発表は包括的かつ緻密なものであるから、私があれこれのコメントすることは私の能力を超えるところであるが、課された任務を果たすこととしたい。

第1　広島・長崎への原爆投下と朝鮮半島

1．イ名誉教授は、朝鮮戦争において、米国が核兵器を使用する計画を持っていたことを指摘している。私もこの指摘は重要であると考える。朝鮮戦争は現在も終結していないからである。朝鮮戦争が終結していないことを無視して、北朝鮮に核やミサイルの放棄を求めることは、北朝鮮に対して一方的な「武装解除」を求めることであって、北朝鮮との関係で全く説得力がないだけではなく、むしろ敵愾心を煽るだけであろう。最初に核兵器使用を計画したのは米国であり、核による威嚇は現在も継続していることを忘れてはならない。北朝鮮に核廃絶を求めるのであれば、求める側も核兵器依存を止めなければ公平を欠くであろう。

2．現在の核兵器使用危機

現在、米国の核科学者たちは、終末まで九〇秒としている。グテーレス国連事務総長も核戦争の危機を指摘している。昨年のＮＰＴ再検討会議でもそのことは共通認識とされている。その背景には、ロシアの核兵器使用の威嚇にとどまらず、米国によって主導される「民主主義国家」と「権威主義国家」の対立、民主主義や法の支配という「普遍的価値」を共有しない国家（中国、ロシア、北朝鮮、イラン）の排除などの排他的分断政策がある。

あわせて、日本政府は北朝鮮を国家承認していないことを忘れてはならない。

核戦争の危機が迫っている今、原爆投下の実相を検証することは私たちの未来のために不可欠な作業である。

第2　広島・長崎への原爆投下と人間的犠牲

イ名誉教授は、広島・長崎での原爆投下の犠牲者の数について触れている。たしかに、その正確な数を把握することは困難であろう。このことに関連して、いくつかの情報を共有しておく。

1．原爆投下による死亡率

広島市の死者数は、一九四五年一二月末日までに約一四万人±一万人、長崎市は約七万四千人。前年二月時点での広島市の人口は三三万六四八三人、長崎市は二七万六六三人であるから、その死亡率は、広島市が四一・六±三％、長崎市が二七・四％である。

広島市は「原爆による被害状況を死亡率の観点から考察すれば、四〇％以上の高い死亡率になる。この数値は、歴史上他に類を見ない高い値であり、原子爆弾の非人間性、特異性を推測するのは容易である」としている。

2．北朝鮮にも被爆者がいるけれど、日本の「被爆者援護法」は事実上適用されることはない。日本政府は「重要な人道上の問題」とはしているけれど、国交がないため「援護対策」を申請するルートがないからである。「手帳が欲しければ中国領事館・大使館に行って申請しろ」としているのである。被爆者全体に対する救済は決して十分ではないが、被爆者の中でも差別があることを確認しておきたい。

第3　米国の対日原爆使用決定の過程と動機

イ名誉教授は、米国の原爆使用決定の過程と動機について、包括的な報告をしている。屋上屋を重ねることになるかもしれないけれど、少しコメントしておく。

1．トルーマンは、原爆が「かつて地上に存在したことのない威力」を持っていることを承知しながら、原爆を投下しその投下を正当化している。けれども、原爆投下について、当時の米国政府や軍の高官の中にも、正当化論に対する異論も存在していたのである。このことは、米国の国内世論に働きかける上で、重要な事実である。

2．原爆投下に対する批判

(1)　トルーマン大統領付参謀長であったウィリアム・リーヒ提督（一九五〇年）。

日本はすでに敗北しており降伏する用意ができていた。広島と長崎に野蛮な兵器を使用したことは日本に対するわが国の戦争に何ら貢献していない。はじめてこの兵器を使用した国家となったことで、われわれの道徳水準は暗黒時代の野蛮人レベルに堕した。

(2) アイゼンハワー大統領の国務長官となるジョン・フォード・ダレス（一九四五年）。

敬虔なキリスト教国家であるわが国が、このような核エネルギー使用が人倫に悖っていないと考えるならば、他の国の人々も同じような考えに走るだろう。核兵器は通常兵器の一種と見なされるようになり、人類が突如として破滅する道が開かれるに違いない。

(3) ヘンリー・スティムソン国務長官（一九四七年）。

この重大な戦闘行為によって、われわれは戦争とは即ち死であるという決定的な証拠を目の前につきつけられた。二〇世紀において、戦争はあらゆる側面でますます野蛮で、破壊的で、唾棄すべきものとなった。人類は核エネルギーを手に入れたことで、今や自分たちを破滅させる能力を手に入れてしまった。

彼らは、核兵器について「人倫に悖る」、「唾棄すべきもの」とするだけではなく、「人類を破滅させるもの」としていたのである。しかも、「日本はすでに敗北しており降伏する用意ができていた」として、原爆使用の軍事的必要性も否定する見解も存在したのである。

第4　原爆と戦争終結の歴史的因果関係

イ名誉教授は、原爆投下が日本の降伏を引き出す上でどのような役割を果たしたのかは、原爆投下の軍事的・政治的意味を論ずる際の最も決定的な問題であるとしている。その上で、多くの歴史的事実を提示して論を進めている。

私は、日本の敗戦の決定的理由は、その発想の無謀さにあったと考えている。武力で他国を侵略し、植民地支配を展開し、彼我の民衆に塗炭の苦しみを与え続けながら、自らの欲望を実現できると考えることの無謀さである。そもそも、暴力で他国や他国の民衆を支配し続けることは不可能である。それは、世界史が証明している。

人は、自身の生命の維持と新しい生命の創出のために、その生を営んでいる。暴力による支配はその生そのものに対する挑戦である。人は、その挑戦を退けながら、知恵を絞り、歴史を刻んできたのである。だから、ヒトという種は存続してきたのであろう。

第5　戦略爆撃と戦争犯罪とその絶頂としての原爆

イ名誉教授は、戦争をしている間も自ら人間であることを意識する限り、道徳性の問題は回避できない。戦争においても道徳性の最低ラインは、非武装の人間集団に対する殺傷行為を排除する問題にほかならない。戦争に直接関与していない非武装の民間人に対する攻撃は「戦争犯罪」規定の基本的前提だとしている。

私もこの見解に同意する。その上で、次のようなコメントをしたい。

原爆投下直後、日本政府は「無差別性、残虐性を有する本件爆弾を使用せるは人類文化に対する新なる罪悪」としていた。けれども、日本政府は、「原爆裁判」において、原爆投下を国際法上違法とはしなかった。この日本政府の見解は現在も維持されている。「罪悪」ではあるが「違法」ではないというのである。

また、米国高官も道徳について語っていたが、米国政府は、原爆投下について反省も謝罪もしていない。オバマ元米国大統領も同様である。米国政府は、原爆投下について、違法としていないどころか、まだ使用するつもりでいるのである。

このように、原爆投下が「戦争犯罪」であるかどうかについては、共通認識ではないのである。この現実は抑えておきたい。

第6　原爆使用の正当性の問題を捉える視点

イ名誉教授は、次のように言う。

「いくら巨大な悪だとしても、それを懲らしめるという名目で数十万の非武装の民間人を大量殺戮する行為は反人道的犯罪に当たることは明らかだ。帝国日本はもちろん巨悪だった。無数の反人道的犯罪の大工廠であったことは明らかだった。にもかかわらず原爆投下は戦争犯罪であり反人道的犯罪である。」

私はこの結論に無留保で賛成する。大日本帝国が巨悪であったことにも、原爆使用が「戦争犯罪」であり「人道に対する罪」だという結論にも同意する。これは、私たちが「核なき世界」を希求する上での原点とされるべき思想だからである。もし「巨悪」と対抗するために核兵器は必要であるとの価値と論理を肯定すれば、「巨悪」を作り出すことによって永久に核兵器は必要とされ、その使用を前提とする保有が合理化されるからである。

「巨悪」との対抗ということで核兵器の保有を容認することは、核兵器が存在し続けることになるので、核兵器使用の危険性を排除することはできない。核兵器の意図的な使用が想定され続けるだけではなく、事故や誤算によっても使用される恐れがあるからである。そして、使用されれば「全人類の惨害」が訪れることになることは誰でも知っていることである。

第7　原爆使用を排除した際の歴史の行方に関する認識

イ名誉教授は、原爆投下が朝鮮の独立を早めて朝鮮人の苦痛を終わらせたという「正当な目標」に寄与したという言説に疑義を呈している。

私は、韓国人が原爆投下にどのような考えを持っているのかについて詳しいことは知らない。けれども、日本の敗戦で朝鮮が植民地支配から解放されたという言説が通用しているということは承知している。敗戦が植民地解放の原因になっていることを否定できず、かつ、原爆投下が日本の敗戦の理由の一つであることを否定できないとすれば、「原爆が植民地支配を解放した」という論理が成り立つことになるので、その言説を間違いということはできないであろう。

私は、この朝鮮の独立と朝鮮人の苦痛という先生の問いかけに、日本の独立と日本人の苦痛という問いかけを重ね合わせてみたいと思う。連合国の占領の後、講和条約が発効すると同時に日米安全保障条約が締結され、米国への従属が制度化され、その状態は現在も継続している。そして、その状態は強いられた従属というよりも「自発的隷属」である。日本の政権与党は「日米同盟」最優先である。野党にあっても、日米安全保障条約解消を主張する政党は少ない。独立を回復した時、当時の吉田茂首相は、自由主義陣営を選択し「核とドルの支配」に依存するという政治決断を行った。それが、現在も固定化されているのである。

唯一の戦争被爆国が唯一の原爆使用国の核に依存してその安全と独立を保全するという現実がここにある。

私たちに求められていることは、核兵器の危険性を無視し、「慰安婦」や「徴用工」の苦痛から目を背け、「未来志向」という名目の近視眼的政権との対抗である。換言すれば、核兵器が人類社会を滅亡させるかもしれないという危険性についても植民地支配の最も凄惨な被害者に対する配慮も欠落している政治状況からの脱出である。

第8　東アジアの大分断体制の閉鎖回路と広島・長崎

イ名誉教授は、東アジアの国際秩序を「東アジアの大分断体制」と定義している。日米同盟と中国大陸との間の三次元の緊張―地政学的緊張、政治社会体制と理念の異質性による緊張、歴史心理的緊張―が相互に深化し相互に支え合う関係という含意である。

そして、「真の反省を拒否する日本」という現象は、この秩序の構造的問題であり、日米同盟は、日本の真珠湾攻撃という原罪と米国の原爆投下とを相殺して同盟の心理的基礎を築いた。歴史的加害と苦痛の相換方程式の上に日米同盟が成り立っているのだとしている。

私もこの問題意識を共有する。東アジアの未来にとって、日米同盟が大きなカギとなることはそのとおりだからである。「東アジアの大分断体制」の解消は、日米同盟の在り方にかかっているとすれば、それは、米国政府の変化なくしてありえないことである。日本の支配層は「米国の核とドル」に依存することが大前提なのだから、米国政府が変われば日本は変わることになる。

そして、米国政府を変えるためには、米国の市民社会を変えることから始めなければならない。米国民は民主主義を信奉しているはずだから米国市民が変われば米国政府は変わることになる。では何から始めるか。核兵器への正しい理解をしてもらうことである。核兵器の非人道性を理解してもらうことである。

ここでは、米国における反核の動きを紹介し、変化を求めることは決して不可能ではないことを確認しておく。

(1) 二〇一九年一月三〇日、民主党のエリザベス・ウォーレン上院議員とアダム・スミス下院議員らが、核兵器先制不使用法案を提出した。その提案者の一人ジム・マクガバン議員は、「核戦争は人類の生存を脅かす。結局、問われているのは、人類が核兵器を終わらせるのか、核兵器が人類を終わらせるのかだ」としている。

(2)　二〇二〇年八月七日、ニューヨーク・タイムズ紙は、被爆者サーロー節子さんの記事「地上の地獄。そして、何十年にわたる平和活動」と顔に酷いやけどをした被爆幼児の写真を掲載した。同紙は「アメリカは実戦で核兵器を使った唯一の国であり続けている。その教訓を学ぶことなくロシアと中国との核兵器競争へと突入しているかのようである。広島の七五周年記念は核兵器に関する深刻な社会的懸念をよみがえらせるいい機会だ」としている。

結論

米国における原爆観に転機が訪れているようである。アメリカ社会でも、原爆投下が何をもたらしたのか、原爆投下は正当化できるのか、倫理的・道徳的に許されるのかという問いかけが行われ、政府の嘘を見破り、自らの蒙を啓いていく努力が行われているようである。核兵器という非人道的で人類社会に滅亡をもたらすかもしれない道具に依存し続けることは、支配を継続する上で「もっとも脆弱な環」となりうるであろう。

唯一の原爆使用国である米国の「核兵器観」が転換することは「核なき世界」実現のための極めて重要な一歩となるであろう。米国にも反核運動は存在していることに着目し、それとの連帯が求められている。

韓国の市民社会による反核運動が米国での影響を発揮することによって、米国の市民社会の核兵器観に変化が生ずるとすれば、それは米国政府の核兵器観の転換につながり、さらには日本政府の変化につながることになるであろう。もちろん、このような変化が一朝一夕に生ずることはないであろうが、核兵器を廃絶するためには不可欠な営みである。

私たちの課題は、「核抑止論」を乗り越えることである。それこそが、私たちが「絶滅危惧種」から脱却する唯一の方策である。全世界の被爆者と反核平和勢力の団結が求められている。

●コラム　「未来志向の新たな時代」が意味すること
——日韓の首脳が無視したことと優先したこと

共同記者会見の内容
二〇二三年三月一六日、岸田文雄首相と尹錫悦韓国大統領との間で首脳会談が行われた。その後の共同記者会見で、岸田首相は次のように述べている（以下、『毎日新聞』二〇二三年三月一七日付、要旨）。
約一二年ぶりに韓国の大統領を日本に迎えた。会談で、現下の戦略環境の中で日韓関係の強化は急務であり、一九六五年の国交正常化以来の友好協力関係の基盤に基づきさらに発展させていくことで一致した。
先般、韓国政府は旧朝鮮半島出身労働者問題に関する措置を発表した。日本としては非常に厳しい状態にあった日韓関係を健全な関係に戻すための措置として評価している。日本政府は九八年発表の日韓共同宣言を含め、歴史認識に関する歴代内閣の立場を全体として引き継いでいることを確認した。

安全保障環境の認識も共有した。今朝のＩＣＢＭ級弾道ミサイルの発射を含め、核・ミサイル活動をさらに進める北朝鮮への対応で日米、韓米同盟の抑止力、対処力を一層強化し日韓、日韓米でも安保協力を推進していく重要性を確認した。

尹大統領は次のように述べている。

韓国と日本は自由、人権、法治という普遍的価値を共有し、安全保障や経済などで共通の利益を追求する最も近しい隣国であり、協力し合うべきパートナーだ。岸田首相とは会談で、冷え込んだ二国間関係で両国国民が直接、間接に被害を受けたとの認識で一致し、韓日関係を早急に回復・発展させる意思を共有した。

我々は徴用工問題の解決策発表を機に、未来志向の発展の方向性を本格的に議論できる土台ができたと評価した。日本は輸出規制措置を解除し、韓国は世界貿易機関（ＷＴＯ）への提訴を撤回した。ホワイトリスト国家に関連する措置においても早急に原状復帰すべく対話を密にすることで合意した。

今回の会談は金大中・小渕共同宣言の精神を発展的に継承し、両国間の不幸な歴史を克服し、韓日協力の新たな時代に進みだす第一歩となった。

会談の評価

この記者会見では、日本と韓国との間での「冷え込んだ厳しい状態」が改善され、「未来志向の新たな時代」の第一歩が踏み出されたかのように語られている。日韓の首脳が会談を持ち、両国間の関係が改善され、新たな時代を踏み出すことに反対する理由はない。けれども、それを手放しで礼賛することもできない。その理由は二つある。一つは、「徴用工」問題の処理についての疑問であり、もう一つは北朝鮮に対する抑止力・対処力の強化が強調されていることについての危惧である。

「徴用工」問題

この問題は、二〇一八年に韓国の大法院（最高裁）が、日本企業に対して、戦時中の「徴用工」（強制的に動員され、兵役以外の労務に従事させた人）への賠償を命じた判決に端を発している。この判決に対して、日本政府は、一九六五年の日韓請求権協定で決着済みであるとして強く反発し、韓国政府に対して「国際法違反の状態を是正することを含め、適切な措置を講ずること」を求め、韓国政府がそれに応じなかったので輸出規制や最恵国待遇の解消などの措置に出たのである。日本政府がいう「適切な措置」とは大法院判決を執行させるなという意味である。

韓国大法院の判決が気に入らないからとして、このような態度に出ることには次のような問題がある。第一に、国家間で協定を結んだからといって、「徴用工」個人の日本企業に対する請求権が消滅することはありえないことである。国家と個人は別の法主体だから、国家といえども個人の請求権を喪失させることはできないのである。その法理は、日本政府も日本の最高裁も認めていることである。韓国の裁判所は、その当然の法理に従って「徴用工」の請求を認めたのである。「徴用工」の権利を確認し正義を実現したのである。その判決の効力を奪えということは法的正義を無視しろということなのである。そこには人権尊重も法の支配もない。

第二に、韓国も、日本と同様に、三権分立の国であるから、政府が裁判所の判決を無視することなど出来るはずがないのだけれど、日本政府は韓国政府にそれを求めたことである。外国政府に自国の裁判所の判決を無視しろなどという要求は、他国の国内事項に干渉する行為であって、国連の「友好関係原則宣言」に違反するだけではなく、三権分立という近代憲法の基本原理を理解していない所業なのである。

だから、韓国政府がその要求に応じないことは当然の対応なのである。にもかかわらず、今回、尹大統領は、自国大法院の判決によって損害賠償義務を負う日本企業に代わって韓国の基金に賠償金を支払わせ、日本企業に求償もしないという解決案を示したのである。彼は、大法院の判決を無視して、被告日本企業の法的責任を免除してしまったのである。なぜ、そのような解決案を示したのか、尹大統領は記者会見で次のように説明している。

対日関係を正常化し、発展させようと思い、基金による第三者弁済案を一つの解決策として発表した。もし求償権が行使される場合、再び全ての問題がスタート地点に戻ってしまう。韓国政府の解決策の趣旨に鑑みて、求償権の行使は想定していない。

要するに、対日関係の正常化のために、日本企業に代わって韓国政府が「徴用工」に賠償するというのである。尹大統領は、「対日関係の正常化」を優先して、法的正義も三権分立という近代国家の大原則も無視してしまったのである。それはまた、日本政府の注文をすべて受け入れるということも意味している。韓国内に強い反発が出るのは当然のことである。

尹大統領は「韓国と日本は自由、人権、法の支配（法治）という普遍的価値を共有している」と言っているけれど、その共有している「普遍的価値」の内実はここで紹介したようなものなのである。無理が通って道理は引っ込んでしまうのである。両国が共有する普遍的価値は眉唾物（真偽が疑わしい物）であることを確認しておく。

そして、岸田首相のそれも似たようなものである。なぜなら、彼は「徴用工」問題ではなく「旧朝鮮半島出身労働者」問題という言い方をしているからである。これは、戦時下に於いて国民を徴用し、奴隷労働を強制した事実を隠蔽するための話法である。そして、韓国の措置を「健全な関係に戻すための措置」として上から目線で評価している。さらに、彼は「尹大統領の力強いリーダーシップの下、韓国の財団が判決金等を支給する措置が発表されたと承知している。そうした趣旨に鑑み、求償権の行使については想定していないものと承知している」とも述べている。

岸田首相にとって「徴用工」問題とは、誰が「判決金」を支払うのかだけの問題のようである。そして、彼は「歴代内閣の立場を全体として引き継いでいることを確認した」とするだけで、歴史認識について、自らの言葉で語ろうとしていないことも確認しておきたい。彼には自らの言葉がないのかもしれない。

北朝鮮敵視

岸田首相は「核・ミサイル活動を更に進める北朝鮮への対応で日米、韓米同盟の抑止力、対処力を一層強化し日韓、日韓米でも安保協力を推進していく重要性を確認した」としている。尹大統領は、韓日は「安全保障や経済などで共通の利益を追求する最も近しい隣国」としている。

要するに、両首脳は「共通の利益を追求する最も近しい国」として、「北朝鮮への抑止力・対処力を一層強化する」としているのである。抑止力・対処力の強化とは軍事的対抗を強化するという意味である。米国政府は「日韓の首脳会談を非常に歓迎している。米国の信頼できる同盟国同士が二国間関係を進展させようと努めている具体的表れ」と高く評価している。米国の中国政策、北朝鮮政策にとって、日韓の不和はどうしても避けておきたいことなので、このような歓迎は当然のことであろう。

他方、この会談の翌日である一七日、北朝鮮は「爆発前夜に迫った朝鮮半島情勢の根源を論ずる」として、核兵器の先制使用政策を表明している。この日韓の首脳会談で、北朝鮮に対する日米韓の安保協力強化が確認されたことに対する反発である。この首脳会談で、日米韓と北朝鮮との間で、軍事的緊張が高まったことは間違いない。戦争を回避するためといわれている抑止力と対処力の強化が、核戦争を呼び込むというパラドックスを顕在化させているのである。

結び

井上寿一学習院大学教授は、『毎日新聞』二〇二三年三月一八日付朝刊で、民主主義や法の支配、基本的人権の尊重などの価値観を共有する両国の対等な立場での連携は、中国やロシアに接しながらも、東アジアにおけるリベラルな国際秩序の形成を促すだろう、などと書いているけれど、そのような見解は、日韓の首脳が共有している価値観のレベルの低さや軍事力を優先する安保政策を見れば、日米韓政府の思惑をなぞっているだけの軽佻浮薄なものでしかない。朝鮮半島では「リベラルな国際秩序」どころか「爆発前夜に迫った情勢」が形成されつつある現実を見損じているからである。

私は、今回の日韓首脳会談がこの地域にもたらす影響は、未来志向の正常化の一歩などというものではなく、朝鮮半島での「熱い戦い」の呼び水になるかもしれないと思えてならない。（そんな予感が当たらないことを祈っている。）

あとがき――「市民社会」を信じて

二〇一九年五月三日に『「核の時代」と憲法九条』（日本評論社）を出版して以来、二〇二一年八月六日に『「核兵器も戦争もない世界」を創る提案』（学習の友社）、二〇二二年一月二二日に『「核の時代」と戦争を終わらせるために』（学習の友社）、同年一一月三日に『迫りくる核戦争の危機と私たち』（あけび書房）と矢継ぎ早に本を出してきた。五月三日は憲法記念日。八月六日は広島への原爆投下日。一月二二日は核兵器禁止条約が発効した日。一一月三日は憲法が公布された日である。核兵器と憲法にこだわっての発行日とした。

どのくらいの読者を確保できたかはともかくとして、参考文献として自著で紹介してくれた研究者やSNSで「何とも痛快な本」と紹介してくれた方もいる。埼玉の所沢界隈では「ベストセラー」になっているようだ。書いてよかったと思っている。

これらの本のおかげかどうかはわからないけれど、色々なところで話をする機会も増えた。被爆者団体や市民生協、保育園関係者や九条の会、日本パグウォッシュ会議などだ。特に驚きだったのは、日本軍縮学会からの注文だった。私も、黒澤満大阪大学名誉教授に誘われて会員になったけれど、学会の研究会での報告を求められるとは夢にも考えていなかったのだ。研究会のテーマは、

「第一〇回NPT運用再検討会議の意義と課題―核不拡散・核軍縮の今後を考える」というもので、私には「市民社会」の視点からの報告をしてもらえないかということだった。

学会のメンバーには「核抑止論者」もいるので、どうしようかなとも思ったけれど、政府や政府系の研究機関の人たちに「市民社会」の声を聴いてもらうのもいいかなと思って、その要望に応えることにした。

その報告は、こんな自己紹介からはじめた。

私は、現在、日本弁護士連合会憲法問題対策本部副本部長・核兵器廃絶部会部会長、日本反核法律家協会会長、核兵器廃絶日本NGO連絡会共同代表、NPO法人ノーモア・ヒバクシャ記憶遺産を継承する会副理事長、非核の政府を求める会常任世話人などの立場で「核なき世界」の実現を求めている。いずれも無報酬で、むしろ、会費だとかカンパだとかで出費の方が多い。にもかかわらず、そのような活動を続けるのは、一刻も早く核兵器を廃絶したいからだ。核兵器廃絶を求める動機は「人影の石」になりたくないという恐怖。核兵器によって、全ての人の過去も現在も未来も奪われる理不尽に対する怒り。せめて私の生きている間に核兵器をなくしたいという希望などである。

そして、「市民社会」の一員として、「核なき世界」の実現のために、何を考え、何を求めているのかについて報告した。報告の柱は、第一に、「市民社会」とは何か、第二に、核戦争は迫っているとの情勢認識、第三に、核兵器の全面禁止が遅れている理由とその元凶である核抑止論批判。結論は、日本政府はＮＰＴ運用再検討会議で「ＮＰＴ六条実現の具体的提案」をすべきということであった。第二と第三及び結論は、本文で書いてきたことなので、第一の「市民社会とは何か」で何を報告したのかを示しておく。

「市民社会」とは何かについての私的定義

「市民社会」とは、個人の要求（生命・自由・幸福追求権など）を主体的に実現しようとする、自発的・自律的・能動的でグローバルな社会運動である。その形態は平和的である。反核平和運動はその一例。

その特徴は次のようなことである

① 要求事項は、各国政府が実現していない事項なので、政府に対する抵抗運動あるいは要求実現運動としての性格を帯びる。
② 個別的要求の実現が基本なので、全般的政治的意思の実現を求める政党とは異なる。
③ 規律を重んじる「政党型」ではなく「カーニバル型の運動」に親和性がある。前衛党の否定も意味している。
④ 経済活動主体ではないから市場経済とは無縁。資本との対立が可能となる。
⑤ 特定の教義や信仰対象がないので宗教団体ではない。宗派対立が発生しない。

⑥　労働者階級の要求の実現ではないので労働運動ではない。路線対立がない。
⑦　要求の実現を目的としているので、世界を解釈するだけではなく変革を求めている。その点で、分析や説明を職責とする学術団体ではない。
⑧　自前の研究機関があるわけでもないから知的レベルの不安は拭いされない。
⑨　個人の要求の実現なので、公的資金の援助はない。公務でもビジネスでもないので資金の不足は日常的。
⑩　拍手と喝采による合意と同一化する可能性がある。扇動と熱狂によって暴走する恐れがある。最悪の場合、「核を持つサル」として、自滅する危険性もある。
⑪　「人類社会のすべての構成員の固有の尊厳と平等で譲ることのできない権利」（世界人権宣言）の実現は、古典古代から現在に至るまで、全人類の普遍的要求。
⑫　国家と資本に対する市民によるコントロールを展望するので、抑圧も搾取もない未来社会の原風景！となりうる。

「市民社会」とは何かについて深く検討したことはなかったけれど、何か言わなければいけないと思って、思いつきを並べたのが、以上の報告である。

この報告の後、広渡清吾先生の『社会投企と知的観察』（日本評論社、二〇二二年）に接することになった。先生から贈呈を受けたのだ。先生はその本で『市民社会論のルネサンスと法社会学』

という論考を書いている。それによれば、マルクスは、「経済的諸関係としての『市民社会』こそが歴史の竈《かまど》であり、国家は『市民社会』の矛盾の産物にほかならず、『市民社会』それ自身における止揚こそ国家の死滅につながるという論理を展開した」というのである。「歴史の竈」という言葉が気になったので、先生にマルクスのどの著作ですかと聞いたら『ドイツ・イデオロギー』だと教えてくれた。該当箇所を探してみたらこんなことが書かれていた。

「市民社会」があらゆる歴史の本当の竈であり現場である。「市民社会」は生産力のある特定の発展段階の内側における諸個人の物質的交通の全体を包括する。「市民社会」という言葉は一八世紀において、所有関係がすでに古代及び中世的共同体から抜け出ていた時に現れた。「市民社会」らしい「市民社会」はやっとブルジョアジーとともに展開する。国家と爾余の観念論的上部構造の土台をいつでもなしているところの、じかに生産と交通から展開する社会組織がその間ずっとこの名称でよばれ続けていた。

何やら難しいことが書かれているけれど、マルクスによれば「市民社会」という概念は一八世紀からあるようだし、広渡先生によればそれはルネサンス期を迎えているようである。結局、「歴史の竈」とは、社会の根底的変革をもたらす母胎を意味しているようである。

私が、この「市民社会」という言葉を身近かに感じたのは、核兵器禁止条約の提案から発効に至る過程であった。この条約の形成に、被爆者団体を含む様々な非政府組織が、「カーニバル型の運動」も含め、創意工夫にあふれた粘り強い運動を展開していることを目の当たりにしていたからである。そして、条約を推進する国際機関や国家機関で働く人たちが「市民社会」との共同を強めた時、条約は誕生したのである。私は、「市民社会」は「歴史の竈」だということを実感している。

だから、これからも、「市民社会」の力を信じたいと思っている。人は、どうすれば、自分自身の命をよりよく維持し、新しい命を生み出すことができるかについての工夫を続けるだろうと信じているからである。

「市民社会」の力によって、核兵器が廃絶され、非軍事平和思想が世界の共通規範になるとき、人々は、一切の強制や抑圧がない社会で、その個性を十分に花開かせる土台をつくるであろう。米国の核とドルに依存しながら、資本の都合の範囲内での生活を強いられている現在では、想像もできない未来社会がそこに展開されるであろう。

そんな未来を創るために、今日を生きることとしよう。

＊　＊　＊

本書に収録されている論稿のいくつかは、この一年間に「反核法律家」「自由法曹団通信」などで発表してきたものである。

今回の出版では、日本評論社の串崎浩氏と武田彩さん、そして日本反核法律家協会の事務局スタッフの田中恭子さんの多大な協力を得ている。

事務所の村山志穂弁護士には「喜寿のお祝い」を寄せてもらった。

事務所スタッフの逸見有紀さん、妻恵子、長女史恵にも感謝の念を伝えておく。

本書の校正の段階で、河合公明長崎大学核兵器廃絶研究センター教授から学位論文が届いた。テーマは「核兵器の使用に対して日本と米国に適用される国際法の規則の相違と拡大核抑止政策」である。この論文の参考文献に、私のこの間の四冊の著作が掲載されていた。お礼のメールを入れたら、「理想主義」的と考えられる立場からの国際法や憲法を踏まえた核兵器の問題に関する研究は必ずしも多くないので、私の著作は貴重な存在であるから参考文献としたとのことだった。著者からすれば、これ以上うれしいことはない。核兵器廃絶と九条の世界化のために、さらに精進しなければとの気持ちが湧いてくる。

二〇二三年秋　　ハマスとイスラエルの衝突に心を痛めながら

喜寿のお祝いによせて

村山　志穂

本書が出版されて間もなく大久保先生が喜寿を迎えられるということで、お祝いのメッセージを書く機会をいただきました。出版とともに大変おめでとうございます。

私は、二〇〇七年に大久保賢一法律事務所で司法修習生として修習して以降、弁護士となった後も、現在に至るまで同事務所で共に働かせていただいています。事務所の席順は、修習生時代から私と大久保先生に関しては全く変わっておらず、大久保先生のお隣の席で執務し続けて、かれこれ一七年近く経ったかと思うと、感慨深いものがあります。

七年前に大久保先生が古希を迎えられた際にもささやかなお祝いをさせていただいたのですが、それから七年の出来事を振り返ると、大久保先生は、益々精力的に活動をされています。

二〇一九年の年末に一時体調を崩されて、二ヵ月ほど入院したことがありましたが、その後は見事に回復され、以前にも増して、反核運動と憲法九条を護るための活動に、ほぼ全精力を注がれています（もちろん通常事件の弁護士活動も行っています）。

この七年間だけでも、先生は本書も含めて五冊もの書籍を執筆されています。二〇二〇年一一月には、長年事務局長を務められていた日本反核法律家協会の会長にも就任され、現在も会長として様々な国際会議や意見交換会などに出席し、核兵器廃絶のために活動している国内外の人々と思いを共有し、尽力されています。

講演活動もますます増えていく一方で、呼ばれれば日本各地、時には韓国にも招待されて、講演をされています。

それらの場所で先生が一貫して訴えられていることは「人類と核は共存できない」、そのためには武器を捨て戦争自体を放棄するしかない、憲法九条と核兵器禁止条約こそが人類が生き残る唯一の道である、ということだと私は理解しています。

どうしてそこまで核兵器廃絶のためにエネルギーを注がれるのか、そのエネルギーの源はどこにあるのか、不思議に思うほどです。

しかし、本書の「あとがき」にある「市民社会を信じて」という先生の文章を読んで、先生らしい言葉だなと妙に納得しました。

先生が「市民社会」の力を信じていること、もっと言えば「人間」を信じていること、好きであることは、先生の日々の言葉や日常の業務からも感じることです。

私は、どちらかと言うと悲観的なタイプの人間で、弁護士業務の中で、意思疎通が難しい事件の当事者や相手方に遭遇すると、この事件はいったいいつになったら解決するのだろうかと悲観的に考えてしまいがちです。しかし、そんなとき、先生から学んだことは、先を読んで結論を急ぎ過ぎないということです。例え困難な相手方でも、先生は対話する姿勢を持ち、結論を急ぎません。どこか人の紛争を解決する能力を信じているところがあり、長い目で事件に付き合います。私はそんな先生の姿を見て、かつては人を常に疑ってかからないと弁護士業務は出来ないのではと考えたことがありましたが、逆に考え方を転換し、例え紛争の相手方であっても、ある程度は信頼をおかなければ紛争は解決出来ないのではないかと考えるようになってきました。

次元は全く違う話ですが、そういう先生の人間や市民の力を信じているところが、一見途方もない様に見える核兵器廃絶という目標に向かっても諦めずに地道に活動することが出来るのではないかと思います。

これからも、そんな先生の背中を見て、私も社会を信じる希望を持ち続けたいと、こんな時勢だからこそ感じています。今後もますますお元気でいて下さい！

二〇二三年八月

大久保賢一（おおくぼ・けんいち）

［略歴］

1947年　長野市に生まれる。

1965年　東北大学入学。

1971年　法務省入省。

1979年　弁護士登録（埼玉弁護士会所属）。

［現職］

日本弁護士連合会憲法問題対策本部兵器核廃絶 PT 座長、日本反核法律家協会会長、自由法曹団原発問題委員会委員長、NPO 法人ノーモア・ヒバクシャ記憶遺産を継承する会副理事長、核兵器廃絶日本 NGO 連絡会共同代表、非核の政府を求める会常任世話人など。

［著書］

『憲法ルネサンス』（イクオリティ）、『体験 日本国憲法』、『日本国憲法からの手紙』、『護憲論入門』、『「核の時代」と戦争を終わらせるために 「人影の石」を恐れる父から娘への伝言』、『「核兵器も戦争もない世界」を創る提案 「核の時代」を生きるあなたへ』（以上学習の友社）、『いま、どうしても伝えておきたいこと』（肥田舜太郎医師との共著）、『「核の時代」と憲法9条』（以上日本評論社）、『迫りくる核戦争の危機と私たち 「絶滅危惧種」からの脱出のために』（あけび書房）など。

二〇二三年一二月七日　第一版第一刷発行

「核兵器廃絶《かくへいきはいぜつ》」と憲法《けんぽう》9条《きゅうじょう》

著　者――大久保賢一

編集者――串崎　浩

発行者――日本評論社サービスセンター株式会社

発売所――株式会社　日本評論社

〒一七〇―八四七四　東京都豊島区南大塚三―一二―四

電話　03-3987-8621

https://www.nippyo.co.jp/

印　刷――精文堂印刷

製　本――牧製本印刷

装　幀――百駱駝工房

ISBN978-4-535-52771-3　Printed in Japan